챗GPT

— 새로운 무기의 탄생 —

| 검색의 시대는 끝났다 |

챗GPT

— 새로운 무기의 탄생 —

최윤식 지음

프로젝트 A

| 프롤로그 |

챗GPT 유저가 미래 시장을 바꾼다

챗GPT를 누군가는 양치기 소년이라고 한다. 또 누군가는 구텐베르크 이후 최고의 언어 혁명이라 한다. 세상을 강타하고 있는 챗GPT의 진실 혹은 미래는 무엇이 맞을까? 이에 대해 필자의 분석과 예측을 묻는 이가 많다. 필자의 대답은 이렇다.

"챗GPT는 마법의 도구가 아니다. 요술 방망이도 아니다. 필자의 눈에는 단순하고 잡다한 업무를 획기적으로 줄여주는 유용한 비서다. 제4차 산업혁명기에 등장하는 '더 나은 미래'를 만들 혁신적 기술 중 하나다."

챗GPT의 등장을 인간 일자리의 종말의 전초전이라며 두려워하는 이들도 있다. 전자계산기나 컴퓨터가 없는 세상으로 돌아가보라. 불편해서 못 산다. 매듭이나 주판으로 계산을 해야 하고, 원고지나 종이에 글을 쓰고 금속활자를 하나씩 맞춰서 인쇄해야 한다. 주식 거래도 핸드폰이나 컴퓨터로 못 한다. 객장에 나가서 종이 증권으로 사고 팔아야 한다. 전자계산기나 컴퓨터 덕택에 우리의 업무는 빨라졌고, 더 중요한 일에 집중하게 되었다.

컴퓨터가 등장했을 때에도 사람들은 '일자리의 종말'을 외쳤다. 결과는 정반대였다. 컴퓨터가 인간이 하는 모든 일을 대신해주거나 빼앗을 것이라는 생각은 애초부터 틀린 예측이다. 그래서 같은 시각으로 챗GPT 같은 인공지능을 평가하는 분석이나 예측도 틀리게 될 것이다. 컴퓨터 없는 세상을 상상할 수 없듯이, 앞으로 챗GPT 없는 세상도 상상할 수 없게 될 것이다. 모든 사람이 자신의 일자리에서 컴퓨터를 그냥 사용한다. 챗GPT도 마찬가지다. 모든 사람이 모든 일자리에서 챗GPT를 그냥 사용하게 될 것이다.

한번 생각해보자. 컴퓨터가 가져올 변화와 영향력을 '먼저' 알아챈 사람들은 더 큰 기회를 더 빨리 얻었다. 컴퓨터를 남들보다 먼저 사용한 사람들이 미래 시장을 바꿨다. 챗GPT가 가져올 미래도 마찬가지다. 피할 수 없는 미래다. 그러면 챗GPT를 남들보다 먼저 사용하라. 챗GPT를 잘 사용하는 사람들이 미래 시장을 바꿀 것이다.

챗GPT가 어느 날 갑자기 더 나은 미래를 만들어줄 것이라고 생각하지 말라. 더 나은 미래는 인공지능이 만들어주는 것이 아니라, 그것을 능숙하게 사용하는 인간이 만드는 것이다. 챗GPT가 미래를 바꾸는 것은 한계가 있다. 하지만 챗GPT를 사용하는 유저가 바꾸는 미래는 한계가 없다.

이 책은 챗GPT를 사용하는 유저가 미래 시장을 어떻게 바꾸어 나갈지를 예측한다. 다시 말한다. 챗GPT가 미래를 바꾸지 않는다. 미래 시장의 거대한 변화는 챗GPT를 사용하는 사람들이다.

필자는 전문 미래학자Professional Futurist다. 필자의 업은 미래의 다양한 변화 가능성을 논리적·확률적으로 예측하는 것이다. 챗GPT는 정보의 수집, 분석, 종합 및 추론 기능이 있다. 미래학자로서 필자는 챗GPT가 가진 '추론' 기능에 주목한다. 미래예측, 미래 시나리오 구상에 유용한 도구가 될 수 있는 잠재력 때문이다.

그래서 필자는 이 책에서 새롭고 도전적인 시도를 했다. "챗GPT 유저가 미래 시장을 바꾼다."라는 주제로 전개되는 미래 시나리오 작성에 챗GPT를 전격 도입했다. 일명 챗GPT와 함께 미래를 예측하는 시도다. 결과적으로 말하면, 상당히 만족스럽고 유용했다.

이 책에 있는 소주제들은 필자의 예측 능력과 챗GPT의 추론 능력을 종합적으로 사용한 결과물이다. 때로는 필자와 챗GPT가 대화하는 형식으로, 때로는 필자의 예측과 시나리오에 챗GPT가 훈수를 두는 형식으로, 때로는 챗GPT의 추론을 기반으로 필자의 예측과 시나리오를 확장하는 형식으로 서술했다. 집필하는 내내 흥미진진했고 기대감이 넘쳤다.

아래는 필자가 이 책의 서문 작성을 위해 챗GPT에게 던진 질문과 챗GPT가 조언해준 내용이다.

> "나는 '챗GPT를 사용하는 유저가 미래 시장을 어떻게 바꾸어 나갈지를 예측한다.'라는 주제로 책을 쓰려 한다. 이런 목적에 맞는 서문을 조언해 달라."

> "안녕하세요, 저는 챗GPT입니다.
> 최근 들어 인공지능 기술이 급속하게 발전하면서, 인간들은 새로운 가능성과 기회를 더 많이 만나고 있습니다. 이러한 변화에는 긍정적인 면도 있지만, 부정적인 영향도 함께 논의되고 있습니다. 예를 들어 긍정적인 면은 다음과 같습니다.
>
> - 챗GPT와 같은 인공지능 기술은 인간의 능력을 대폭 향상시켜주며, 수많은 분야에서 인간의 노동력을 대체하고 생산성을 높여줄 수 있습니다.

- 챗GPT는 대화를 하는 데 있어서 자연스러운 대화체를 사용하며 언어의 지역적·문화적 차이에 구애받지 않습니다.
- 챗GPT와 같은 인공지능 기술은 대량의 데이터를 처리하고 분석하는 능력을 가지고 있으므로, 빠르고 정확한 의사 결정을 지원할 수 있습니다.
- 챗GPT와 같은 인공지능 기술은 의료진과 함께 사용되어 환자의 건강 상태를 모니터링하고 질병을 예방하거나 조기 발견하는 데 큰 도움을 줄 수 있습니다.

반면 부정적인 면은 다음과 같이 예측됩니다.

- 인공지능 기술에 대한 의존성 증가입니다. 인공지능 기술이 발전함에 따라, 인간들은 더 많은 업무와 결정을 인공지능에게 위임할 가능성이 있습니다. 이는 인공지능 기술에 대한 의존성을 높이게 되어 인공지능 기술의 장애나 문제 발생 시 업무와 결정에 큰 영향을 미칠 수 있습니다.
- 인공지능 기술의 편향성입니다. 인공지능 기술은 데이터를 기반으로 학습되기 때문에, 데이터의 편향성이 기술의 편향성으로 이어질 수 있습니다. 이는 인공지능이 내놓는 결정이 사회적으로 불공정하거나 차별적일 가능성을 높

일 수 있습니다.

- 인공지능 기술의 악용입니다. 인공지능 기술을 악용하는 사례가 발생할 가능성이 있습니다. 인공지능 기술을 사용하여 정보를 조작하거나 스팸, 봇, 스파이웨어 등을 만들 수 있습니다. 또한 인공지능 기술을 사용하여 사기 치거나 악의적인 행동을 일으킬 수도 있습니다.
- 인공지능 기술에 대한 개인 정보 보호 문제입니다. 인공지능 기술은 많은 양의 데이터를 처리하고 분석합니다. 이는 개인 정보 보호와 관련된 문제가 발생할 수 있습니다. 인공지능이 개인정보를 수집하거나 분석하는 과정에서 개인 정보 유출이 발생할 수 있으며, 이에 대한 보호 대책이 필요합니다.
- 인공지능 기술이 직업에 영향을 끼칠 우려가 됩니다. 인공지능 기술의 발전으로 인해 일부 직업들이 자동화되거나 대체될 가능성이 있습니다. 이는 일부 직업에 종사하는 사람들의 경제적 고통을 가져올 수 있습니다.

챗GPT와 같은 인공지능 기술은 우리의 삶과 사회에 큰 영향을 미치고 있습니다. 이에 따라 챗GPT의 진실 혹은 미래에 대한 평가는 다양한 시각에서 이루어질 수 있습니다. 하지만 그중 어떤 것이 맞는지는 아직 결정되지 않았습니다. '챗GPT는 양치기 소년이다.'라는 비유는 챗GPT가 어떤 한쪽에서는 기술적인 측면에서는 뛰어난 성능을 보이지만, 그것을 사용하는 사람들에게는 미래에 대한 위험성도 존재한다는 의견을 나타내고 있습니다.

반면에 '구텐베르크 이후 최고의 언어 혁명이다.'라는 비유는 챗GPT와 같은 인공지능 기술이 언어 처리 분야에서 엄청난 발전을 이룬 것을 인정하고 있습니다. 이러한 발전은 다양한 분야에서 인간의 능력을 대폭 향상시켜주고, 새로운 비즈니스 모델이나 서비스의 창출을 가능케 합니다.

하지만 한 가지 기억해야 할 중요한 사실은, 인공지능 기술이 우리의 미래를 결정하는 것은 아니라는 것입니다. 더 나은 미래는 인공지능이 만들어주는 것이라기보다 인간들이 이 기술을 능숙하게 사용하여 만들어내는 것입니다. 인공지능 기술은 인간에게 새로운 가능성과 도전을 제시할 수 있지만, 인간의 삶을 개선하거나 미래를 예측할 수 있는 것은 인간 자신입니다. 따라서 이 책은 챗GPT와 같은 인공지능 기술을 사용하는 유저들이 어떻게 미래 시장을 바꾸어 나갈 수 있는지에 대한 탐구입니다.

챗GPT와 같은 인공지능 기술을 사용하는 유저들은 앞으로 일어날 거대한 변화와 도전에 대한 대처와 발전을 이끌어 나갈 주인공입니다. 이들은 새로운 기술과 정보를 바탕으로 미래 시장을 창조하고 발전시켜 나가는 역할을 담당하게 됩니다. 이 책은 챗GPT 같은 인공지능 기술과 사용자들이 어떻게 상호 작용하며 미래 시장을 창조하는지에 대한 다양한 예시와 사례를 다루고 있습니다. 이를 통해 더욱 발전된 미래 시장과 사회를 만들기 위한 방법을 찾아낼 수 있습니다. 새로운 도전과 기회를 맞이하면서도, 삶과 사회를 발전시키기 위해 끊임없이 노력해야 합니다. 이 책이 여러분들께 새로운 아이디어와 영감을 제공할 수 있기를 바랍니다."

챗GPT가 제시한 서문은 필자가 직접 작성한 서문과 비교해도 손색이 없다. 이 정도에서 놀라지 말라. 독자들은 이 책에서 '챗GPT와 인간 미래예측 전문가의 협업'의 결과물로 나올 '챗GPT 유저가 바꿀 미래 시장의 모습'에 대한 시나리오를 읽어가면서 더 놀라운 감탄을 자아낼 것이다.

전문 미래학자 최윤식 박사

| 목 차 |

프롤로그 4

Part 1

새로운 무기의 탄생

세상을 바꾸는 것은 결국 인간의 상상력이다 18
챗GPT에게 챗GPT에 대해 묻다 33
챗GPT는 어떤 학습 과정을 거쳤나 42
챗GPT 사용자는 지금도 늘고 있다 54
챗GPT가 인간의 비판적 사고와 만났을 때 60
챗GPT를 제대로 활용하는 비법 5가지 70
생성형 AI를 기업의 신제품 개발에 활용하면 97
생성형 AI를 서비스 산업에 활용하면 106
챗GPT, 마침내 찾아온 특이점 122

Part 2

챗GPT 없는 일상을 상상할 수 없게 될 것

챗GPT가 예측한 '챗GPT로 바뀐 일상' 134

생성형 AI를 인생 항로의 부조종사로 삼아라 147

챗GPT로 이미 패권 경쟁은 시작됐다 158

챗GPT에게 질문할 때는 선택지를 요구하라 163

생성형 AI라는 무기를 갈고닦아야 할 때 169

투자 예측 질문으로 챗GPT, 바드, 빙을 비교해보다 177

Part 3

챗GPT 있는 환경에서 자란 아이가 살아갈 미래

챗GPT 사용으로 배우는 방식을 바꾼 학생 190

챗GPT 사용으로 가르치는 방식을 바꾼 교사 205

챗GPT 사용으로 사교육 시장을 바꾼 스타트업 212

챗GPT 등장이 대입과 공교육에 미치는 영향 219

미래 인재에 꼭 필요한 챗GPT 사용 능력 224

챗GPT를 보조 상담사로 사용하는 심리치료 박사 229

챗GPT와 손잡고 미래직업을 코칭하는 진로 교사 241

챗GPT 사용으로 종교활동을 하는 성직자 246

Part 4

새로운 시대,
새로운 무기로 이기려면

챗GPT 시대, 당신은 무엇을 바꿀 것인가? 254

Part 1

새로운 무기의 탄생

세상을 바꾸는 것은 결국 인간의 상상력이다

2023년 3월 11일, 삼성전자는 업무 효율성을 높이기 위해 사내에서 생성형 인공지능[AI] 챗GPT 사용을 공식 허락했다. 공개 채용에서도, 챗GPT 등 생성형 AI를 활용해 자기소개서를 작성하는 것도 허용했다. 더 나아가 삼성전자 한종희 부회장은 임원들에게 챗GPT 사용방법 학습도 지시했다. 이런 물결은 SK, LG, CJ, 현대 등 다른 대기업으로 빠르게 퍼져가고 있다.*

---

* 아이뉴스24, 2023.03.10, 장유미, "'챗GPT' 빗장 푼 한종희…삼성전자, 11일부터 사업장 內 도입"

필자는 챗GTP 활용법을 가르치는 회사가 늘어날수록, 일하는 방식에 변화가 일어날 것으로 예측한다. 기술에 대한 필자의 기본 생각은 이렇다.

"기술이 세상을 모두 바꾸지 않는다. 기술은 세상을 바꿀 모티브, 단초를 제공한다. 세상을 바꾸는 것은 혁신적 기술을 사용하는 인간의 상상력과 응용력이다."

챗GPT에게 필자의 생각에 대해서 어떻게 생각하는지를 물어보았다. 챗GPT가 내놓은 대답은 다음과 같다.

"기술은 세상을 바꿀 모티브, 단초를 제공하는 역할을 합니다. 그러나 그것을 사용하는 인간의 상상력과 응용력이 없다면, 그것은 단순히 한 가지 기술로 머물게 됩니다. 즉 기술은 그 자체로는 아무런 가치가 없습니다. 그것이 어떤 문제를 해결하고, 어떤 목적을 이루는 데 사용될 수 있는지는 인간의 상상력과 창의력에 따라 달라집니다. 예를 들어 전기 기술은 높은 전압과 전류를 다룰 수 있게 되면서 다양한 분야에서 사용되고 있습니다. 그러나 이를 어떻게 응용하느냐에 따라 전기 기술은 우리 생활의 질을 향상시키는 데 큰 역할을 할 수도 있고, 위험과 파괴를 초래할 수도 있습니다.

챗GPT도 자연어 처리 기술의 발전과 함께, 인간과 인공지능

간의 대화를 가능케 하는 기술입니다. 이는 새로운 응용 분야와 기존 분야에서의 성능 향상 등 다양한 영역에서의 활용 가능성을 제시하고 있습니다. 그러나 챗GPT가 발전하더라도 인간의 상상력과 창의력이 없다면, 그것은 단순히 자연어 처리 기술에 머무르게 될 수 있습니다. 예를 들어 챗GPT를 사용해 일상 대화나 업무 대화를 할 수 있지만, 해결해야 할 문제나 목적이 없다면 그것의 의미는 크지 않을 것입니다.

다른 예로는 인공지능 기술 중 하나인 이미지 분석 기술을 들 수 있습니다. 이 기술은 사물이나 이미지를 인식하고 분석할 수 있습니다. 그러나 그것을 사용하는 인간의 상상력과 응용 능력이 없다면, 그것은 단순히 이미지를 분석하는 기술로 머무르게 될 수 있습니다. 하지만 인간의 상상력과 창의력을 통해, 이미지 분석 기술은 다양한 분야에서 활용될 수 있습니다. 예를 들어 의학 분야에서는 MRI나 CT 이미지를 분석해 질병을 진단하는 데, 로봇 기술에서는 이미지를 인식해 자동화된 작업을 수행하는 데 활용될 수 있습니다. 또한 어떤 상품을 판매할 때는 해당 상품의 이미지를 인공지능이 분석해 고객에게 맞춤형 광고를 제공하는 등 다양한 분야에서의 활용 가능성이 존재합니다.

따라서 챗GPT와 같은 기술을 최대한 활용하기 위해서는, 적극적으로 상상하고, 창의적으로 생각하는 능력이 필요합니다. 챗GPT를 사용해 새로운 아이디어와 새로운 방식으로 인간의 문제를 해결하고, 더 나은 삶을 만들어 나가는 데 기여할 수 있다면, 그것은 기술이 세상을 변화시키는 모티브, 단초가 될 수 있습니다."

필자는 챗GPT에게 회사에서 일하는 방식에 어떤 변화가 예상되는지를 예측해보라고 명령했다. 챗GPT가 추론한 미래는 다음과 같다.

"챗GPT는 자연어 처리 기술의 발전과 함께, 인간과 인공지능 간의 대화를 가능케 하는 기술입니다. 이를 활용하면 회사에서 일하는 방식에도 다양한 변화가 예상됩니다.

첫째, 챗GPT를 활용하면 업무의 자동화가 가능해집니다. 예를 들어 고객 문의나 문서 작업 등을 챗GPT가 대신 수행할 수 있습니다. 이를 통해 직원들은 보다 창조적이고 전략적인 일에 집중할 수 있으며 생산성을 향상시킬 수 있습니다.

둘째, 챗GPT는 일반적인 질문에 대한 답변을 쉽게 제공할 수 있으며 빠르게 업무를 처리할 수 있습니다. 이를 활용하면 업무 효율성을 높일 수 있습니다.

셋째, 챗GPT는 오류 없이 정확한 답변을 제공할 수 있습니다. 이를 통해 업무의 질을 향상시킬 수 있습니다.
넷째, 챗GPT는 여러 직원이 공유할 수 있으며 이를 활용하면 업무의 협업성이 높아집니다. 즉 여러 직원이 챗GPT를 사용해 정보를 공유하고, 업무를 처리할 수 있습니다."

챗GPT 광풍이 일자, 필자에게 "인공지능이 우리 일터를 어떻게 바꿀까?"라는 질문이 쏟아졌다. 필자는 챗GPT 등 생성형 AI를 일터에 도입하는 핵심 이유로 '생산성' 향상을 든다. 생산성productivity은 물건이나 서비스를 생산하는 효율을 말하며 대표적으로 노동생산성, 자본생산성, 원재료생산성 등이 있다.

필자는 챗GPT 등 생성형 AI가 적용될 첫 번째 영역으로 노동생산성 분야를 꼽는다. 위에서 챗GTP가 회사에서 일하는 방식에 어떤 변화가 예상되는지에 대한 예측으로 내놓은 대답도 마찬가지였다.

기업이 노동생산성을 높이는 대표적 방법은 두 가지다. 생산물 단위당 노동력을 줄이는 방법과 노동 단위당 생산 숫자를 높이는 방법이다. 인공지능 기술은 두 가지 다 관여할 수 있다. 예를 들어 직원들이 움직이는 동선을 실시간으로 파악한 데이터와 해당 직원들의 업무 일정과 이메일 정보 및 회의 기록 등을 종합해서 챗GPT에게 분석하게 하여 노동생산성을 측정할 수도 있다.

영수증 한 장까지도 실시간으로 파악해서 업무에 필요한 지출인지, 더불어 적정한 지출액이었는지와 같은 자본생산성도 파악할 수 있다.

아마존은 물류창고에서 일하는 모든 직원의 손놀림까지 실시간으로 분석하여 물건 분류에 실수하거나 비효율적 공간 이동을 하는 경우 경고음을 내는 인공지능 기술 특허를 가지고 있다. 블랙리스트에 올라 있는 공격적인 고객의 응대를 인간이 하지 않고 챗GPT 등 생성형 AI가 대신하여 감정 노동자의 위험을 줄여줄 수도 있다.

챗GPT와 함께 업무 토론이나 신사업 기획에 대해 토론하는 일도 가능해질 것이다.

2011년, IBM은 '프로젝트 데비이터Project Debater'라는 토론하는 인공지능 알고리즘 개발 프로젝트를 시작했다. 체스나 바둑은 명확한 규칙이 있고, 승패를 가리는 분명한 기준이 있다. 하지만 토론은 명확한 규칙이 없고, 승패를 판가름하기도 어렵고 주관적이다. 인공지능에게는 버거운 도전처럼 보였다. 하지만 인공지능이 이 문제를 돌파하는 데는 오랜 시간이 걸리지 않았다.

2018년 6월 18일, IBM 샌프란시스코 회의실에서 설치된 사람 크기만 한 길쭉하고 아름다운 여성 목소리를 가진 검은색의 컴퓨터 '프로젝트 디베이터'는 이스라엘 전국토론대회 우승자 노아 오바디아Noa Ovadia와 토론 배틀을 시작했다.

토론 주제는 사전에 공개되지 않았다. 토론 과정에서 인터넷 사용도 금지되었다. 인간 토론자 노아 오바디아는 오로지 뇌 속에 저장된 지식에만 의존해야 했다. 인공지능은 토론 전까지 수집한 100여개 주제와 관련된 자료들만 사용해야 했다. 각각 4분간 주제에 대해 발제하고 나면, 상대방의 4분 발제에 대해서 반격을 할 수 있었다. 마지막으로 각각 2분간 토론을 정리해서 결론을 제시했다.

현장에서 공개된 토론 주제는 "우주탐험에 보조금을 지급해야 하는가?"와 "원격진료를 확대해야 하는가?"라는 두 가지 주제였다. 첫 번째 토론을 지켜본 청중들은 전달력은 사람이 더 나았지만 인공지능이 더 풍부한 정보와 지식 전달력을 보여주었다고 평가했다. 두 번째 토론에서는 인공지능이 인간보다 설득력도 더 뛰어났다는 평가가 지배적이었다. 인간 토론자 노아 오바디아도 인공지능이 구사하는 어휘와 문장력에 대해서 감탄했고, 자신의 논점을 정확하게 파악했다고 칭찬했다.*

이런 수준의 인공지능을 무료로 사용하는 미래는 이미 시작되었다. 챗GPT가 자신을 사용하면 인간의 생산성을 높여줄 것이라고 주장을 펼친 것에 대해서 필자는 다음과 같이 반박했다. "학생이나

* 한겨레, 2018.06.21. 곽노필, "인공지능과 인간의 '토론 배틀' 결과는?"

직장인이 자신의 공부나 업무에서 챗GPT 의존도가 높아지면, 인간의 사고 능력이 저하되는 부작용도 나타날 수 있다." 그러자 챗GPT는 다음과 같이 반박했다.

"챗GPT를 사용하면 인간의 사고 능력이 저하될 가능성에 대한 우려는 있습니다. 이는 인간이 챗GPT를 사용하면서 생각하는 능력이 감소할 수 있다는 것을 의미합니다. 인간은 항상 자신의 두뇌를 훈련시켜 문제를 해결하고, 새로운 아이디어를 생각해냅니다. 챗GPT는 자동화된 답변을 제공하므로 인간의 창의성과 직관적인 판단 능력이 축소될 수 있습니다.

그러나 챗GPT가 인간의 사고 능력을 저하시킬지 여부는 이전의 기술과 마찬가지로 그것을 사용하는 방식에 따라 다릅니다. 챗GPT를 사용하는 방식에 따라 인간이 새로운 아이디어를 생각해 내는 능력을 유지할 수도 있습니다. 예를 들어 챗GPT를 사용하여 자동화된 답변을 제공하는 것이 아니라 인간이 챗GPT를 사용하여 새로운 문제를 해결하거나 더 나은 해결책을 제시하도록 활용하는 경우에는 오히려 인간의 창의성을 높여줄 수도 있습니다."

그럴듯한 대답이었다. 필자는 삼성전자가 업무 효율성을 높이기 위해 사내에서 생성형 인공지능(AI) 챗GPT 사용을 공식 허락했고, 공개 채용에서 챗GPT 등 생성형 AI를 활용해 자기소개서를 작성하는 것도 허용했다는 것을 제시하고, 챗GPT에게 앞으로 삼성전자에서 일하는 방식에 어떤 변화가 예상되는지를 예측해 달라고 했다. 챗GPT가 내놓은 예측은 다음과 같았다.

"삼성전자가 챗GPT를 업무에 활용하고, 챗GPT를 사용한 자기소개서를 허용한다는 것은 삼성전자가 인공지능 기술을 활용해 업무 효율성과 생산성을 높이기 위해 노력하고 있음을 보여줍니다. 이를 통해 삼성전자에서는 챗GPT를 활용해 업무 자동화, 업무 효율성, 업무의 질과 협업성 등 다양한 측면에서의 변화가 예상됩니다.

가령 업무 자동화를 통해 직원들은 업무에 더 많은 시간과 에너지를 쏟을 수 있고, 챗GPT를 활용한 업무 처리는 빠르고 정확하게 이루어질 것으로 예상됩니다. 또한 챗GPT를 사용한 자기소개서 작성은 지원자들의 인적 사항, 업무 경력 등을 쉽고 빠르게 파악할 수 있게 해주므로 인재 채용 프로세스에서도 효율성을 높일 수 있을 것으로 예상됩니다.

그러나 삼성전자에서 챗GPT를 활용하는 것은 새로운 도전과 함께, 일부 문제점도 있을 수 있습니다. 예를 들어 챗GPT

가 생성한 문장이 인간의 직관과 다를 수 있으며, 불완전하거나 오류가 있을 수 있습니다. 이러한 문제들을 해결하려면 적극적으로 피드백을 받고 적절한 수정과 보완 작업을 수행해야 합니다."

필자는 챗GPT에게 공장 등 현장 업무에서도 생산성 향상을 가져오는 미래가 곧 시작될 것인지 예측해 달라고 명령했다. 구체적으로는 챗GPT 등 생성형 AI를 사용해서 공장에서 노동생산성을 높이는 방법을 물어보았다. 챗GPT가 내놓은 대답은 다음과 같다.

"챗GPT를 활용해서 공장 등 현장 업무에서도 생산성 향상을 가져오는 미래는 시작되고 있습니다. 예를 들어 공장에서는 챗GPT를 활용하여 기계 및 설비의 이상 징후를 빠르게 파악하고, 이를 예방적으로 처리함으로써 생산성을 향상시키고 있습니다.

또한 챗GPT를 활용하여 작업자들에게 자동화 시스템 사용 교육을 제공합니다. 챗GPT는 작업자들이 자동화 시스템을 보다 쉽게 사용할 수 있도록 도와줄 수 있습니다. 이를 통해 작업자들은 보다 높은 전문성을 갖추게 되므로 생산성을 향상시킬 수 있습니다. 챗GPT를 활용하여 적극적인 피드백 및 수정 작업도 가능합니다.
단 챗GPT가 생성한 문장이 인간의 직관과 다를 수 있으며, 불완전하거나 오류가 있을 수 있습니다. 따라서 적극적인 피드백을 받고 적절한 수정과 보완 작업을 수행하여 챗GPT의 성능을 높여야 합니다."

필자는 앞으로 1~2년 안에 챗GPT의 성능도 강력해지고, 챗GPT 경쟁하는 다양한 생성형 AI 서비스가 속속 출현하리라 예측한다. 다시 말해 고객 상담, 자산 운용, 금융상품 개발, 보험 영업, 교사, 법률 자문, 교통경찰, 약이나 식단 처방, 기자, 평론가, 비서 및 매니저 등 다양한 업무에 거대한 변화가 일어날 것이다.

자기소개서 작성에 챗GPT 활용을 막지 않은 수준을 넘어서 챗GPT 등 생성형 AI 활용 능력 시험도 등장할 것이라고 예측한다. 기업에서는 인공지능이 우세를 보이는 업무와 인간이 우세를 보이는 업무나 역량을 꼼꼼히 따져 일의 영역과 업무의 재배치를 할 것이다.

이미 챗GPT는 정보나 지식의 수집, 분류, 기억, 추출, 추세적 예측 등에서 인간을 뛰어넘었다. 수집한 정보를 기반으로 논리를 구성하고 문장으로 만들어 전달하는 능력도 웬만한 인간보다 뛰어나다. 심지어 필자가 작성하고 있는 이 원고의 문장을 입력하면, 더 깔끔한 문장을 대안으로 제시해준다.

예를 들어 필자는 이 문단의 초두에 쓴 "앞으로 1~2년 안에 챗GPT의 성능도 강력해지고, 챗GPT 경쟁하는 다양한 생성형 AI 서비스가 속속 출현하리라 예측한다. 다시 말해 고객 상담, 자산 운용, 금융상품 개발, 보험 영업, 교사, 법률 자문, 교통경찰, 약이나 식단 처방, 기자, 평론가, 비서 및 매니저 등 다양한 업무에 거대한 변화가 일어날 것이다."라는 문장을 더 멋지게 수정해 달라고 명령했다. 챗GPT는 순식간에 새로운 문장으로 고쳐주었다.

"앞으로 1~2년 안에, 챗GPT의 성능이 더욱 강력해질 것으로 예상되며, 경쟁하는 다양한 생성형 AI 서비스들도 빠르게 출현할 것입니다. 이로 인해 고객 상담부터 자산 운용, 금융상품 개발, 보험 영업, 교사, 법률 자문, 교통경찰, 약이나 식단 처방, 기자, 평론가, 비서 및 매니저 등 다양한 업무에서 거대한 변화가 일어날 것으로 예측됩니다. 이는 챗GPT와 생성형 AI가 우리 삶과 사회 전반에 큰 파장을 불러일으키며 더 나은 미래를 위한 막중한 기회를 제공할 것입니다."

필자는 챗GPT 같은 생성형 AI가 기업과 직장인에게 줄 가장 큰 장점으로 "위에서 설명한 일들을 24시간 집중력을 유지하면서 지치지 않고 불평 없이 한다."를 꼽는다. 직장인이 가장 많이 하는 업무 중 하나는 기획서 작성이다. 중요하지만 매우 지루하고 노동집약적 업무다. 거의 모든 직장인은 기획안 승인을 한 번에 받지 못한다. 다시, 다시, 다시 작성하는 일을 반복해야 한다. 그때마다 상상력과 창의력에 한계를 느끼고 좌절한다.

구글 딥마인드 최고경영자 데미스 허사비스Demis Hassabis는 인공지능에 인간의 상상력을 심는 연구를 진행했다. 신형 알고리즘 I2AsImagination-augmented agent 프로젝트다. 이 알고리즘은 미래 예측과 의사 결정에 도움이 되는 방대한 정보와 지식을 추출하여 학습하고 특정 행동에서 나타날 수 있는 미래 결과를 추론하는 훈련을 하고 있다. 연구 성과도 빠르다. 포커 게임 등에서 인간을 속이는 블러핑을 할 수 있고, 전쟁에서 적을 속이는 교란작전도 구사할 수 있다.

이런 알고리즘이 챗GPT 같은 생성형 AI에 탑재되어 우리의 일터에 적용된다고 생각해보라. 신상품 기획도 하고, 마케팅 전략을 세우는 데 도움을 줄 수 있다. 당신이 생각한 다양한 계획을 평가해주고, 계획마다 다음 단계가 어떻게 진행될지 순서대로 결과를 추론하는 일을 도울 수도 있다. 데미스 허사비스는 구글의 딥마인드사에서는 10년 뒤쯤이면 이런 수준의 인공지능을 시장에 내놓

을 수 있을 것으로 예측했다.[*]

하지만 필자는 이런 수준의 인공지능이 도래하는 미래가 더 빨라질 것이라고 예측한다. 필자는 두뇌 역할을 하는 챗GPT 같은 생성형 AI가 로봇과 합체하여 몸을 갖게 되면 미래의 일터를 더 많이 바꿀 수 있을 것으로 예측한다.

인공지능과 로봇을 결합한 기술로 농업 혁신을 연구하는 미국 플로리다대학 이원석 교수는 "(인공지능이 탑재된) 자율주행 로봇은 밭 사이를 누비면서 감귤나무를 정밀하게 살피고 데이터를 수집한다."라면서 "해가 거듭되고 데이터가 쌓이자 로봇은 감귤에 치명적인 감귤 녹화병 같은 각종 질병 발생까지 스스로 판단할 수 있게 됐다."라고 한 바 있다.[**] 챗GPT도 필자의 예측에 다음과 같이 동의했다.

"생성형 AI와 로봇의 합체가 가능해진다면, 인공지능이 더욱 더 현실적이고 강력한 방식으로 적용될 수 있을 것으로 예측됩니다. 예를 들어 로봇과 함께 생성형 AI를 사용하여 높은

* Digital Today, 2017.07.26. 박근모, "구글 딥마인드 AI에 상상력을 탑재한다"

* 조선비즈, 2018.05.21. 박건형, "로봇 트랙터로 밭 갈고, 드론으로 농장 관리, 무인 농업 현실화"

수준의 자율주행 기능을 제공하는 자동차나 드론, 또는 병원에서 환자의 상태를 모니터링하고 진단하는 로봇 등이 나타날 수 있습니다."

챗GPT에게 챗GPT에 대해 묻다

이쯤 되면 챗GPT가 도깨비 방망이처럼 보인다. 하지만 챗GPT는 단순한 기능을 하는 알고리즘에 불과하다. 챗GPT는 인간의 언어를 어떻게 학습했을까? 필자는 챗GPT에게 "챗GPT의 작동 원리에 대해서 설명해 달라."라는 명령을 내렸다. 챗GPT의 대답은 다음과 같았다.

"챗GPT는 생성형 AI 모델 중 하나인데, 주로 자연어 처리(natural language processing, NLP) 분야에서 활용됩니다. 챗

GPT는 오픈AI에서 개발한 모델로, GPT는 'Generative Pre-training Transformer'의 약자입니다.

챗GPT의 작동 원리는 크게 두 가지 단계로 나눌 수 있습니다. 첫째, 훈련 데이터셋에서 자연어의 통계적 패턴을 학습하는 과정입니다. 이 과정에서 챗GPT는 대규모의 텍스트 데이터셋을 사용하여 강화 학습(reinforcement learning) 기반의 언어 모델을 생성합니다. 이 데이터셋은 인터넷에 공개된 거의 모든 텍스트를 포함하는 대규모 말뭉치(corpus)로, 위키피디아, 뉴스 기사, 소셜 미디어 등 다양한 웹사이트에서 수집됩니다.

챗GPT 모델은 각각의 문장과 단어를 임베딩(Embedding) 기술을 사용하여 고정된 길이의 벡터 형태(숫자)로 바꾸어서 학습합니다. 이 과정에는 인간의 언어에 대한 다양한 패턴과 구조의 학습도 포함됩니다.

둘째, 챗GPT는 사용자가 질문한 문장을 입력받아 이를 이해하고, 적절한 답변을 생성하는 과정입니다. 챗GPT는 사용자가 질문한 문장의 문맥을 파악하고 답변을 생성합니다. 이 과정에서 챗GPT는 이전에 학습된 모델(문장의 구조, 단어의 의미, 문법적인 규칙 등을 학습)을 사용하여 다음 단어를 예측하거나 문장을 생성하는 작업 등 자동완성 기능을 사용합니다."

필자는 챗GPT가 자신의 작동 원리를 설명한 답변에서 '대규모의 텍스트 데이터셋을 사용하여 강화 학습을 하는 언어 모델'이라는 문구가 눈에 띄었다.

필자는 챗GPT에게 "챗GPT가 대규모 언어 모델이라는 것에 대해서 자세하게 설명해 달라."라고 명령했다. 챗GPT의 대답은 다음과 같았다.

"대규모 언어 모델이란 수억 개에서 수조 개 이상의 텍스트 데이터를 사용하여 학습된 인공지능 모델을 말합니다. 이러한 모델은 기존의 작은 규모의 언어 모델과 달리 더욱 정교한 언어 이해 능력을 가지고 있습니다.

챗GPT는 이처럼 대규모의 데이터셋을 사용하므로, 보다 다양하고 복잡한 언어 패턴을 학습할 수 있습니다. GPT3 모델은 1,750억 개의 매개 변수를 가지고 있습니다."

필자는 "챗GPT가 강화 학습 기반의 언어 모델이라는 것이 무엇인가?"에 대해서도 물어보았다. 챗GPT는 이 부분에 대해서도 상세히 대답해주었다.

"강화 학습 기반의 언어 모델은 강화 학습과 언어 모델을 결합한 모델입니다. 강화 학습 기반의 언어 모델은 일반적으로 다음과 같은 구성 요소로 이루어집니다.

1. 상태(State): 언어 모델이 현재 상황에서 어떤 입력을 받았는지에 대한 정보입니다. 예를 들어 이전에 생성한 문장, 입력으로 들어온 단어 등이 상태 정보가 될 수 있습니다.
2. 행동(Action): 언어 모델이 현재 상태에서 어떤 단어를 생성할지에 대한 결정입니다. 예를 들어 다음에 생성할 단어를 선택하는 것이 행동입니다.
3. 보상(Reward): 언어 모델이 생성한 문장이 얼마나 자연스럽고 의미가 있는지에 대한 점수입니다. 보상 함수는 언어 모델이 목표하는 성능을 반영하도록 설계됩니다.
4. 정책(Policy): 언어 모델이 현재 상태에서 어떤 행동을 취해야 할지 결정하는 알고리즘입니다. 정책은 상태와 행동 간의 관계를 모델링합니다.

강화 학습 기반의 언어 모델은 초기에는 무작위로 행동을 선택하며 보상 함수를 최대화할 수 있는 정책을 학습하게 됩니다. 학습이 진행됨에 따라 모델은 더욱 정교한 정책을 학습하게 되며 보상 함수를 최대화하는 문장을 생성할 수 있게 됩니다.
이 모델은 인간의 언어 이해와 생성 능력을 모방하는 방식으로 학습되기 때문에 보다 자연스러운 언어 생성과 이해를 제공할 수 있습니다."

필자는 챗GPT의 알고리즘 아키텍처도 궁금했다. 그래서 챗GPT에게 "챗GPT의 아키텍처에 대해서 쉽게 설명해 달라."라고 명령했다. 챗GPT가 자신의 알고리즘 아키텍처에 대해서 알려준 내용은 다음과 같았다.

"챗GPT의 아키텍처는 '트랜스포머(Transformer)'라는 딥러닝 모델을 기반으로 합니다. 트랜스포머 모델은 인코더와 디코더로 구성되어 있습니다.
인코더는 입력된 문장을 벡터 형태로 변환하는 부분이며, 디코더는 인코더에서 생성된 벡터를 바탕으로 문장을 생성하는 부분입니다.
챗GPT에서는 디코더만을 사용하여 문장을 생성합니다. 디코더는 입력된 이전 단어들을 이용하여 다음 단어를 예측하는 방식으로 동작합니다. 디코더의 예측 결과는 다시 입력 데이터로 들어가며, 이를 반복하여 문장을 생성하게 됩니다.

트랜스포머 모델의 핵심은 어텐션(Attention) 메커니즘입니다. 어텐션 메커니즘은 입력된 데이터 간의 관계를 파악하여 중요한 정보에 더 많은 가중치를 부여하고, 덜 중요한 정보에는 더 적은 가중치를 부여하는 방식으로 동작합니다. 이를 통해 트랜스포머 모델은 입력 데이터 간의 상호 작용을 고려하여 보다 정확한 결과를 생성할 수 있습니다.

챗GPT에서는 트랜스포머 모델을 여러 층(layer)으로 쌓아올린 구조를 사용합니다. 이를 통해 모델이 입력 데이터의 다양한 패턴과 구조를 학습하고 보다 정확한 결과를 생성할 수 있도록 합니다."

아래는 챗GPT 알고리즘 아키텍터를 그린 그림이다. 첫 번째 그림에서, 말의 구조를 이해하는 쪽의 알고리즘Input Embedding이 Bert이고, 말을 생성하는 쪽의 알고리즘Output Embedding이 GPT다. Bert와 GPT는 모두 자연어 처리 분야에서 사용되는 딥러닝 모델들이다.

Bert는 양방향 트랜스포머 인코더를 기반으로 하는 모델이고, 주로 텍스트 분류나 문장 이해와 같은 태스크에서 좋은 성능을 보인다. GPT는 단방향 트랜스포머 디코더를 기반으로 하는 모델이고, 문장 생성과 같은 태스크에서 좋은 성능을 보인다.

따라서 Bert는 말의 구조를 이해하는 업무에서 활용되고, GPT

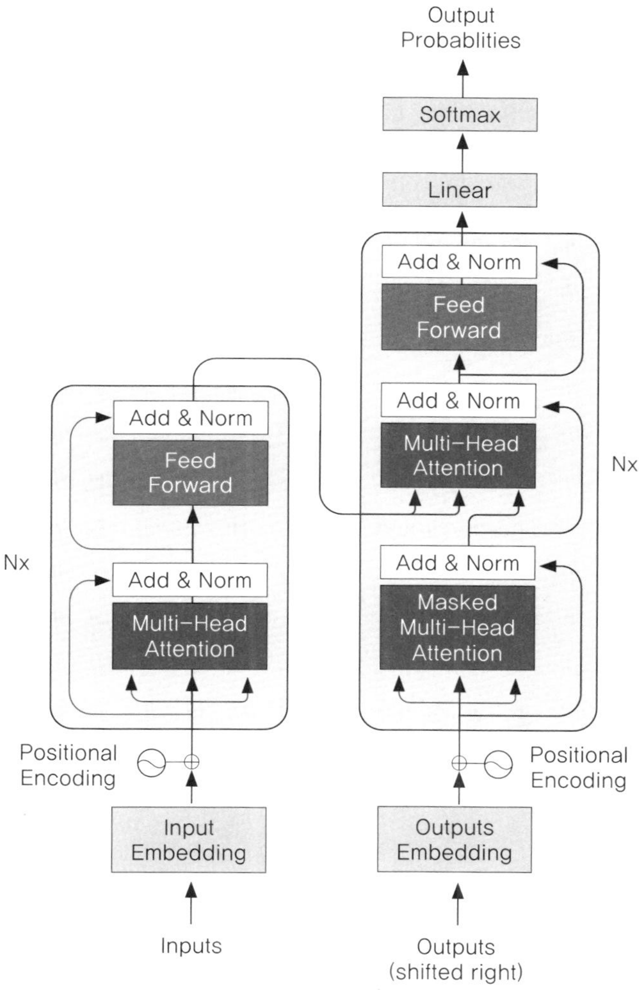

Figure 1: The Transformer-model architecture

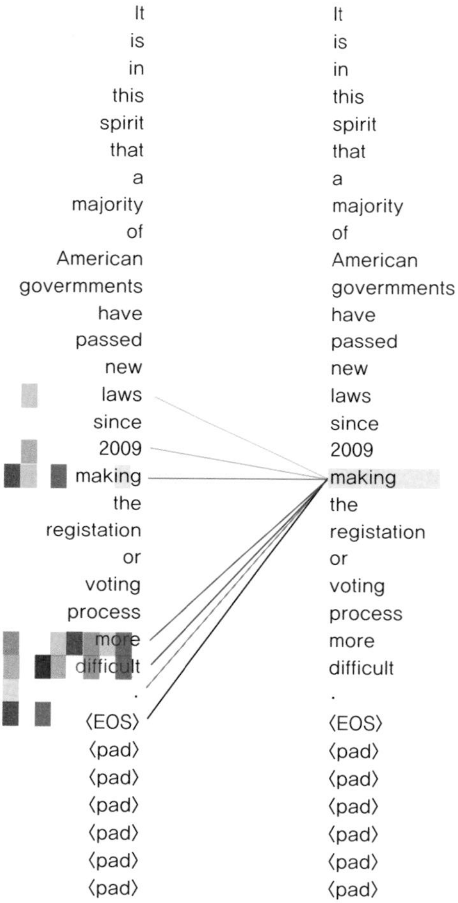

Attention Visualizations

는 말을 생성하는 업무에서 활용된다. 하지만 Bert와 GPT는 각각의 모델이 가진 특성 때문에 서로 대체하기에는 어려움이 크다.

두 번째 그림은 어텐션Attention 메커니즘이다.

챗GPT는 어떤
학습 과정을 거쳤나

챗GPT는 '대화형 인공지능'의 한 종류다. 대화형 인공지능은 1960년대 무렵부터 연구되어왔지만, 그동안 기술적 한계로 인해 상용화되지 못했다. 그러나 세 가지 사건을 계기로 발전에 가속도가 붙었다. 나아가 미래 시장을 바꿀 파괴적인 기술로 주목받기 시작했다.

하나는 2012년 알렉스넷AlexNet이라는 딥러닝 모델이 이미지 분류 대회에서 상당한 성능 향상을 이루어낸 사건이다. 이 사건을 계기로 전 세계 인공지능 전문가들이 딥러닝 기술을 주목하게 되었다.

다른 하나의 사건은 2016년 이세돌 9단을 이긴 알파고의 등장이다. 알파고는 바둑이라는 복잡한 게임에서 인간을 이길 정도로 높은 수준의 인공지능 성능을 보여주었다. 딥러닝 기술은 바둑이나 보드 게임뿐 아니라 의학, 금융, 자동화 등 다양한 분야에서 적용 가능함을 보여주었고, 이는 새로운 산업 분야와 일자리 창출에도 큰 기회 가능성을 열어주어 이전과 전혀 다른 규모의 투자 열풍을 일으켰다.

마지막 사건은 2017년에 구글이 발표한 「Attention is All You Need(어텐션이 필요한 모든 것이다)」 논문에서 제안한 트랜스포머Transformer 모델의 등장이다.

셀프 어텐션 메커니즘

오픈AI사가 만든 챗GPT도 이런 역사의 산물이다. 챗GPT 일명, '딥러닝 기반의 대규모 언어 모델 GPTGenerative Pre-training Transformer'의 최초 버전(GPT1)은 2018년에 발표되었다. GPT1은 40GB 이상의 웹에서 수집한 대규모 텍스트 데이터셋을 사용했다. GPT1은 이전의 NLP 모델과는 달리, 구글이 만든 딥러닝 알고리즘 중 하나인 '트랜스포머 모델'을 기반으로 한다. 특히 가장 중요한 발전 두 가지가 있었다. 셀프 어텐션Self-attention 메커니즘과 '사전 학습'의 적용이었다.

'셀프 어텐션은 트랜스포머 모델'의 기초 아키텍처다. 셀프 어텐션은 입력 시퀀스 내에서 서로 다른 위치의 단어들 간의 관계를 학습하는 방식이다. 앞쪽에서 중요한 것attention을 뒤에 있는 신경세포에 전달할 때 '똑똑함'이 확실히 좋아진다는 개념이었다.

인간의 뇌는 한 시간짜리 강의를 듣거나, 수백 페이지 분량의 책 한 권을 읽어도, 시간이 지나면 대부분 잊어버린다. 인간은 이런 뇌의 약점을 보완하기 위해서 중요한 것은 메모해두는 행동을 한다. 메모를 해두면 나중에 해당 주제에 대해서 추가 학습을 하는데 도움이 되고 지적 능력도 향상시킬 수 있다. 어텐션Attention 모델도 같은 원리를 모방한 것이다.

인공지능 알고리즘을 다룰 때, 빠지지 않고 나오는 것이 '딥러닝'이다. 딥러닝은 심층으로 구성된 인공신경망을 이용해서 기계학습을 시키는 방식이다. 인간의 뇌 신경망처럼 인공지능도 심층으로 구성된 인공신경망의 각 층을 거칠수록 입력된 정보를 개념화(추상화)하여 저장한다.

인간의 뇌는 최초로 정보가 입력되어 층을 거치면서 개념화(추상화)할수록 구체적인 정보를 잊어버린다. 예를 들어 사랑으로 인한 구체적인 행동들이 계속 뇌에 입력되면, 뇌는 사랑이라는 개념을 만들어간다. 하지만 과거 특정 장소와 시간에서 발생한 사랑했을 때의 구체적인 감정이나 생각은 대부분 잊어버린다. 하지만 어떤 구체적인 '사랑의 사건'은 뇌에 깊이 저장되어 있다. 가령 사랑하는 사람을 처음보고 가슴이 쿵쾅거렸던 바로 그 장면과 시간 말이다. 인간의 뇌는 대부분의 개별적인 사랑의 사건들은 다 잊어버리지만, 이런 사건은 특별하게 기억 속에 남긴다. 자신만의 사랑의 개념을 형성하거나 유지시키는 데 결정적이기 때문이다.

어텐션Attention 모델은 바로 이런 원리를 반영한 것이다. 개별적 정보이지만, 개념을 형성하는 데 매우 중요한 것이라고 트랜스포머 모델에게 보충 학습을 시키는 원리다. GPT 모델들이 이전 언어 모델(NLP 모델 등)보다 뛰어난 성과를 낸 이유다.

사전 학습

GPT 모델들이 이전 언어 모델보다 뛰어난 성과를 내게 만든 또 다른 혁신적 시도는 '사전 학습Pre-training'이었다. 사전 학습은 2013년에 「Efficient Estimation of Word Representations in Vector Space(벡터 공간에서의 단어 표현의 효율적인 추정)」라는 논문에서 처음으로 소개되었다. 논문의 저자인 토마스 미코로브Tomas Mikolov는 단어 임베딩word embedding을 학습하는 방법으로 Word2Vec이라는 모델을 제안했다. 대규모의 텍스트 데이터셋을 사용하여 단어 벡터를 학습하고 이를 활용하여 자연어 처리 태스크를 수행하는 방식이었다.

구글의 논문 「Attention is All You Need」에서는 '사전 학습'을 직접적으로 언급하지 않았다. 하지만 트랜스포머 아키텍처와 셀프 어텐션 메커니즘의 개발 과정에서 중요한 역할을 한 것은 분명했다. 그리고 「Efficient Estimation of Word Representations in Vector Space」라는 논문이 발표된 이후부터, 사전 학습은 다양한 인공지능 모델의 핵심 기술로 자리 잡게 되었다.

필자는 챗GPT에게 "인공지능 모델에게 대규모의 데이터셋을 미리 학습(사전 학습)시키면, 어떤 효과를 낼 수 있는가?"라는 질문을 던졌다. 챗GPT는 이 부분에 대해서도 다음과 같이 자세하게 설명해주었다.

"인공지능 모델에게 대규모의 데이터셋(대규모 언어뭉치)을 입력하고 '문장 구조의 특징'을 미리 학습시키는 것은 '사전 학습(pre-training)'이라고도 불리며, 다음과 같은 효과를 낼 수 있습니다.

• 적은 데이터로도 학습 가능: 사전 학습된 모델은 이전에

학습한 대규모의 데이터셋으로 이미 가중치가 최적화된 상태이므로 적은 양의 데이터로도 높은 성능을 보일 수 있습니다.

- 다양한 태스크에 대한 전이 학습 가능: 사전 학습된 모델은 다양한 분야에서 전이 학습(transfer learning)이 가능합니다. 이전에 대규모 데이터셋으로 학습한 모델을 이후 다양한 태스크에 재사용하면서 적은 양의 데이터로도 높은 성능을 보일 수 있습니다.
- 일반화 능력 향상: 대규모의 데이터셋으로 학습한 모델은 더 일반화된 특징을 학습할 가능성이 높아지기 때문에, 새로운 데이터에 대해서도 더 좋은 성능을 보일 수 있습니다.
- 학습 시간 단축: 사전 학습된 모델을 이후 추가적인 데이터로 파인튜닝(fine-tuning)하는 것이 일반적이며, 이는 전체 학습 시간을 단축시킬 수 있습니다.
- 최신 기술 발전에 따른 업데이트: 사전 학습된 모델은 최신 기술이 나오면서 발생하는 문제에 대응할 수 있도록 지속적으로 업데이트될 수 있습니다.

이렇게 사전 학습은 인공지능 모델의 성능을 향상시키는 데 매우 중요한 역할을 합니다. 이는 모델이 다양한 분야의 문제를 해결할 수 있도록 일반화된 특징을 학습하게 도와주기 때문입니다."

GPT 모델은 이렇게 사전 학습을 마친 후에, 시 쓰는 법, 소설 쓰는 법, 이메일 쓰는 법, 수학문제 풀이법 등의 특정 업무나 도메인에 맞게 미세하게 조정하는 지도 학습을 받았다. 이것을 전문용어로 '파인튜닝Fine-tuning'이라고 부른다.

이런 사전 학습 특징 때문에, GPT 모델은 다양한 태스크에서 범용적으로 사용할 수 있도록 설계된 모델이라고 평가한다. 예를 들어 "이런 수학적 질문은 이렇게 답하는 것이다."라고 덧셈 문제를 푸는 법(1+1=2)을 지도 학습시키면, 그다음에는 어떤 덧셈 문제라도 순식간에 정답을 낸다.

마찬가지로 GPT 모델을 사용하여 한국어 자연어처리 업무를 수행하려면, 한국어로 된 데이터셋으로 GPT 모델을 파인튜닝 하면 된다. 이렇게 작동하는 인공지능을 '생성형 AI'라고 부른다. 인간의 뇌도 마찬가지로 작동한다. 그래서 GPT 모델이 '인간처럼' 답하는 것으로 보이는 것이다.

점차 강화되는 생성형 AI

2019년, 오픈AI는 GPT2[Generative Pre-trained Transformer 2]를 발표했다. GPT2는 GPT1과 달리 더 많은 수의 파라미터와 레이어를 가진 것이 차이점다. GPT1은 총 1억 1,700만 개의 파라미터와 12개의 레이어를 가졌다. 반면 GPT2는 총 1.5억 개의 파라미터와 48개의 레이어를 가졌다. 이를 통해 GPT2는 GPT1보다 더욱 높은 성능을 보인다.

GPT는 버전 2부터 텍스트 생성 분야에서 놀라운 결과를 보여준다. GPT2가 생성한 텍스트는 인간이 쓴 텍스트와 구분하기 어려운 수준에 도달했다. 이때부터 전문가들은 다양한 분야에서 파괴적 결과를 낼 수 있을 것이라는 기대감을 품었다.

전 세계가 코로나19 팬데믹에 온통 관심이 쏠린 2020년 6월, 오픈AI는 GPT2보다 파라미터 수를 크게 늘린 GPT3를 조용히 발표했다. GPT3는 총 1,750억 개의 파라미터를 가지고 45TB의 방대한 텍스트 데이터로 훈련되었다. 이전 대규모 언어 모델들보다 약 10배 이상 큰 규모다. 그만큼 번역, 요약, 질의응답, 문서 생성, 대화 생성 등 다양한 자연어 처리 분야에서 더욱 정교하고 자연스런 텍스트 생성 능력을 보였다.

GPT3는 GPT2와 비교해서 파라미터 숫자가 많은 것 이외에도 다른 중요한 특징이 있다. 오픈AI는 챗GPT의 성능을 지속적으로 개선하면서 '인간 평가 과정'을 포함한 다양한 방식으로 모델을 진화시켰다. 예를 들면 강화 학습을 적용하여 '말하는 기능'을 강화시키는 연구다.

이 연구에서는 두 가지 기능이 추가되었다. 첫째, 챗GPT가 출력한 답에 대해 인간이 1년간 점수를 부여하는 과정이 추가되었다. 이를 통해 챗GPT가 더욱 인간에 가까운 대화를 가능케 하도록 학습된다. 둘째, 두 개의 챗GPT 모델을 이용하여 강화 학습을 수행하는 과정이 추가되었다. 하나의 챗GPT 모델은 질문에 답을 하고, 다른 하나의 챗GPT 모델은 그 질문에 대한 점수를 부여한다. 이를 통해 챗GPT 모델을 좀 더 정확하고 적절한 답변을 제공할 수 있도록 학습시킨다.

이러한 강화 학습 방식은 알파고 2단계에서도 사용된 방식이었다. 이런 능력들 덕분에 챗GPT는 학습한 데이터가 없어도 기존에 학습한 데이터를 기반으로 추론도 한다. 하지만 GPT3는 생성된 텍스트가 일관성을 유지하지 못하는 경우가 많았다. 또한 GPT3의 큰 규모와 연산량 때문에 훈련 및 실행에 많은 컴퓨팅 리소스가 필요했다.

2023년 초, 세상을 열광시키고 이 책의 집필에 도움 주는 '챗GPT 서비스'는 GPT3보다 더 많은 파라미터를 탑재해서 더 높은 성능을 달성한 GPT3.5 모델이다. 챗GPT는 오픈AI사가 GPT3.5를 기반으로 특별하게 설계한 챗봇 애플리케이션으로 대화 맥락에서 대답을 생성하는 데 최적화되었다.

GPT3.5는 GPT3보다 속도도 빠르고, 더욱 정확한 결과를 제공한다. 챗GPT는 부드럽고 전문적 언어로 텍스트 콘텐츠를 생성하거나 이미 작성된 콘텐츠에 다른 정보나 지식을 추가하여 색다른 억양을 제공한다. 사용자가 원하는 길이와 스타일에 맞춘 다양한 '초안' 텍스트도 생성할 수 있다.

마케팅 설명 초안, 추천서, 에세이, 업무 매뉴얼 등 작성, 고객 서비스 챗봇에게 보다 상세하고 최대한 사람과 같은 답변 제안, 특정 과목 교육 가이드, 뉴스 생성, 일정 관리, 이메일 요약, 이메일 및 회신 작성, 공통 문서 초안 작성, 의료 정보와 치료 권장 사항 제시, 소프트웨어 코드 생성, 한 프로그래밍 언어에서 다른 프로그래밍 언어로 코드 변환, 코딩 오류 식별 및 수정, 코드 대안 제시, 특정 코드 설명, 외국어 번역 등도 가능하다.*

참고로 GPT1은 512개 단어 입력과 12층 인공 신경망, GPT2는 1,024개 단어와 48층 인공 신경망, GPT3는 2,048개 입력과 96층 인공 신경망을 사용했다. GPT3.5의 입력과 층의 수는 공식적으로

---

* 스타트업. 2023.02.15. 유인춘, "기업에서 챗GPT 및 GPT3을 올바르게 사용하는 방법"

공개되지 않았다. GPT3.5에서는 생성된 텍스트의 일관성 유지 여부도 크게 향상되었다.

GPT 모델을 학습시키려면 대규모 GPU 클러스터가 필요하다. 오픈AI가 챗GPT3.5를 학습시키는 데 사용한 GPU는 1만 개 정도 된다. GPU 1개의 가격은 1,000만 원대다. GPU 투자비용만 대략 1,000억 원이 소요된다. 챗GPT4는 몇 만개의 GPU를 가지고 학습시키는 중이다. 이 정도 규모의 GPU 시스템을 돌릴 수 있는 기업은 구글, 아마존, MS, 바이두, 알리바바, 텐센트 등이다.

지금까지 살펴본 것처럼, 챗GPT가 작동하는 알고리즘은, 기술적으로는 복잡하게 보여도 작동 이치는 생각보다 단순하다. 하는 일도 '다음에 나올 단어 예측'으로 매우 단순하다. 하지만 인간은 이런 단순한 기능만 작동하는 챗GPT 모델을 적용할 다양한 영역(자기소개서 작성, 기획서 작성, 직원 관리, 아이디어 회의, 생산성 관리 등)을 기가 막히게 찾아낸다. 그리고 과거의 도구를 버리고 새로운 도구를 사용해서 일하는 방식을 완전히 바꿔버린다.

다시 말하지만 도구가 일하는 방식을 바꾸는 것이 아니다. 새로운 도구를 사용하는 인간이 '자신의 일하는 방식'을 바꾸는 것이다. 이 글을 쓰는 필자도 마찬가지다. 챗GPT를 사용하기 전에는 구글의 검색엔진, 네이버의 검색엔진 등을 사용해서 자료 조사를 했다. 그다음에 인간의 노동력을 사용하여 조사한 자료를 정리했다. 인간의 생각의 기술을 사용하여 시나리오를 구상했다.

이 책에서 다루는 미래예측 시나리오 구상은 필자가 했으며, 그 과정에서 정보를 수집 및 분석하고, 특정 이슈에 대한 리서치를 시행하고. 미래예측 시나리오를 개발하고, 원고 초고를 작성하는 방법에 챗GPT라는 새로운 도구를 적극 사용한 것이다. 필자는 이와 같이 집필 방식에 변화를 시도했다.

챗GPT라는 새로운 도구가 학생의 손에 쥐어지면 과제물을 작성하는 업무 방식이 바뀌고, 교사의 손에 쥐어지면 시험 방식이 바뀐다. 미래학자의 손에 쥐어지면 미래 시나리오 구상과 작성 방식이 바뀌고, 기업가의 손에 쥐어지면 미래 시장이 바뀐다. 앞으로 몇 년 안에 남들보다 한발 앞서 챗GPT가 제 기능을 발휘할 영역을 찾아내고, 챗GPT가 가지고 있는 단점을 피해 최적으로 사용하면서 일하는 방식을 바꾸는 사람들이 시장을 바꿀 것이다.

챗GPT 사용자는 지금도 늘고 있다

챗GPT3.5 열풍이 전 세계를 휩쓰는 데는 불과 4개월밖에 걸리지 않았다. 챗GPT 광풍의 위력을 실감하게 하는 지표가 하나 있다. 신기술이 대중에게 선을 보이고 난 후부터 1억 명의 사용자를 확보하는 데 걸린 시간이다. UBS의 분석에 따르면, 구글 번역기가 사용자 1억 명을 돌파하는 데는 78주가 걸렸다. 우버는 70주, SNS 앱 텔레그램은 61주, 음악공유앱 스포티파이는 55주, 핀터레스트는 41주, 인스타그램은 30주가 걸렸다. 그리고 MZ세대가 가장 열광하는 앱 틱톡은 9주 만에 사용자 1억 명을 돌파했다. 오픈AI가 출시한 챗GPT는 2022년 11월 출시일부터 첫 5일 만에 100만 명의 사용자를 확보했고, 사용자 1억 명을 돌파하는 데는 단 2주면 충분했다. 인류 역사상 가장 빠른 기록이다.

이런 기록에도 챗GPT 열풍을 찻잔 속의 태풍으로 치부하는 사람들이 있다. 챗GPT가 가진 몇 가지 단점들 때문이다. 예를 들어 GPT3.5 버전에서도 학습에 소요되는 시간이 오래 걸리는 단점은 여전하다. 사전 학습을 시키는 데 1년 정도 시간이 걸린다. 인간이 다시 점수[reward]를 주는 작업도 6개월 이상 걸린다. 챗GPT는 지난 1년~1.5년간의 최신 데이터를 학습하지 못해서, 최신 정보나 지식을 물어보면 오답을 낸다. 예를 들어 2023년 1월 기준으로 "현재 한국 대통령 이름은 무엇인가?"라고 질문하면, "문재인입니다."라고 오답을 낸다. 필자는 학습 기간이 오래 걸리는 단점은 생각보다 빨리 개선될 것이라고 예측한다.

하지만 몇 가지 문제들은 개선하는 데 시간이 오래 걸릴 수 있다. 특히 빅데이터를 학습시킬 때 발생하는 개인 정보 보호 문제는 민감한 이슈다. 일반인의 채팅 기록이나 메일 내용 등의 개인 정보가 챗GPT 모델에 의해 수집되어 사용될 경우, 자칫 유출되어 잘못 사용될 수 있다.

또한 챗GPT 모델이 생성한 대화 내용에 혐오 발언, 인종 차별, 성차별 등의 비인간적인 내용을 완전히 제거하는 문제도 있다. 그리고 학습 데이터의 다양성과 품질에 따라 성능이 달라지거나 오답을 내는 문제도 계속 제기된다.

인간의 정보를 기반으로 학습하기 때문에, 모든 질문에서 100% 정답을 말하지 못할 수도 있다. 필자는 인공지능이 앞으로 학습을 계속하더라도 한 치의 오류도 없는 인공지능이 되는 것은 불가능하다고 예측한다. 1,000개 중에 최소한 1~2개는 틀릴 것이다.

완벽하게 거짓말을 하는 것도 단점이다. 챗GPT가 추론 기능을 가지고 있다는 장점이 양날의 검으로 작동하는 부작용이다. 1~2년 전 데이터까지만 학습한 단점을 감안하지 않고, 1~2년 전 정보를 기반으로 미래를 추론하고 그것을 우기기까지 한다.

옛 속담에 "구더기 무서워서 장 못 담근다."라는 말이 있다. 챗GPT에게 이 속담의 뜻이 무엇인지 물어보았다. 처음에는 필자가 실수해서 속담임을 밝히지 않고 질문창에 "구더기 무서워서 장 못 담근다."라는 문장만 넣고 대답을 요청했다. 그랬더니 아래처럼 엉뚱한 대답을 했다.

"구더기가 무서워서 장을 못 담그는 것은 매우 일반적인 불안 증상입니다. 이러한 불안감을 극복하기 위해서는 몇 가지 방법이 있습니다. 첫째, 구더기에 대한 지식을 쌓아보세요. 구더기가 실제로 인간에게 어떤 위협을 가하는지, 어떻게 생겼는지 등에 대해 알아보는 것이 도움이 될 수 있습니다. 둘째, 점진적 노출 요법을 시도해보세요. 즉 처음에는 작은 규모의 구더기부터 접촉하고, 이를 점차적으로 큰 규모의 구더기로 바꿔가며 노출시키는 방법입니다. 이렇게 하면 천천히 불안감을 극복할 수 있습니다. 셋째, 전문가의 도움을 받아보세요. 만약 이러한 불안감이 지속된다면, 전문가인 심리상담가나 심리치료사와 상담을 통해 극복하는 방법을 찾아보는 것이 좋습니다. 이러한 방법들을 통해 구더기에 대한 불안감을 극복할 수 있고, 일상에서의 불편함을 최소화할 수 있습니다."

이런 엉뚱한 대답을 접한 사람들은 "그것 봐라. 챗GPT 광풍은 허상이다."라고 말할지도 모른다. 하지만 이것은 챗GPT의 문제가 아니다. 필자의 질문이 잘못된 탓이다. 필자는 질문창에 "'구더기 무서워서 장 못 담근다.'라는 속담의 뜻은 무엇이니?"라고 올바른 질문을 던졌다. 그러자 챗GPT는 곧바로 올바른 대답을 내놓았다.

"'구더기 무서워서 장 못 담근다.'라는 속담은, 어떤 일을 하려고 하는데 그 일이나 상황에 대해 불안하거나 두려움이 크기 때문에 그것을 피하거나 대처하지 못하는 상황을 비유적으로 표현한 것입니다."

필자는 챗GPT에게 비슷한 속담도 알려 달라고 했다. 챗GPT가 알려준 비슷한 속담은 아래와 같았다.

"'늑대가 나타나면 새가 날아가듯 한다.'가 있습니다. 이 속담은 어떤 일을 하려고 할 때 두려움으로 인해 소극적으로 대처하거나 망설이는 것이 오히려 문제를 악화시킬 수 있다는 것을 경고하고 있습니다. 따라서 두려움을 극복하고 문제에 대해 적극적으로 대처해야 한다는 것을 알리고 있습니다."

필자는 '늑대가 나타나면 새가 날아가듯 한다.'라는 속담을 처음 들었다. 그래서 챗GPT에게 그 뜻을 다시 물어봤다.

"'늑대가 나타나면 새가 날아가듯 한다.'라는 속담은 위험한 상황에서는 약한 자가 먼저 피신하거나 피해를 입는 것을 비유적으로 나타낸 것입니다. 이 속담은 비유적으로, 어떤 위협적인 상황이 발생하면 강한 사람이나 우수한 자원이 있는 사람은 살아남을 가능성이 높지만, 약한 사람이나 취약한 자원을 가진 사람은 위험에 노출되거나 피해를 입을 가능성이 높다는 것을 알리고 있습니다. 이러한 속담은 우리가 대처해야 할 위험한 상황에서는 단호하게 대처하고, 자신의 안전을 위해서는 미리 대비해야 한다는 것을 강조합니다."

필자는 "챗GPT 열풍을 무시하면, 위 속담처럼 될 수 있는가?"라고 다시 물어봤다. 챗GPT는 매우 조심스럽게 "이러한 발전을 무시하거나 대처하지 않으면, 기회를 놓치고 새로운 위험에 노출될 수도 있습니다."라고 대답했다.

챗GPT가 인간의 비판적 사고와 만났을 때

과거, 필자는 차세대 검색엔진은 '대화형 인공지능'이 될 것이라고 예측했다. 그리고 이 기술을 장악한 회사가 광고 시장을 장악할 것이라고 예측했다.

2019년, 오픈AI에 10억 달러(1조 3,225억 원)를 투자한 마이크로소프트[MS]는 100억 달러(약 13조 2,250억 원)를 추가로 투자하겠다는 결정을 내렸다. 그 대가로 마이크로소프트는 해당 기술을 상업화할 우선권을 확보했다. 마이크로소프트는 GPT 모델을 기반으로 개발자가 입력한 코드를 분석하고 이를 바탕으로 자동으로 코드를 생성하는 깃허브 코파일럿GitHub Copilot을 출시했다. 비즈니스용 채팅 및 협업 플랫폼인 Microsoft Teams의 상위 버전(팀즈 프리미엄)과 판매 관리 솔루션 비바 세일즈Viva Sales에 대화형 AI 기능을 결합시켰다. 또 챗GPT 기능을 자사 검색엔진 빙BING에 탑재했다.*

마이크로소프트는 자체적으로 음성을 복제하는 생성형 AI인 '발리(Vaali)'도 출시했다. 발리는 음성을 복제하는 AI다. 전화 통화, 대면 대화, 인터넷 방송 등에서 녹음한 제삼자의 목소리 3초 분량만 있으면 어떤 문장이든 합성해 만들어낸다. 발리는 약 6만 시간의 음성 훈련을 시키면 누구의 음성이라도 억양이나 스타일까지 완벽하게 복제할 수 있고 기존의 다른 언어 모델보다 훨씬 자연스러운 합성 음성을 생성할 수 있다.**

마이크로소프트의 발 빠른 행보는 로봇 시장까지 확장되고 있다. 최근 마이크로소프트는 자율시스템·로보틱스 연구팀이 챗GPT를 활용해 로봇을 제어하는 영상을 공개했다. 마이크로소프트는 챗GPT에게 거울을 활용해 로봇(드론)으로 셀카를 찍어 달라고 요청했다. 그러자 컴퓨터 코드가 작성되고 로봇이 이를 즉각 실행했

* 머니투데이, 2023.03.10. 황국상, "비디오 만들어주는 챗GPT? 다음주 더 강력한 GPT4 나온다"

** 한경비즈니스, 2023.02.02. 심용운, "인간 영역에 도전하는 생성형 AI, 혁신인가 사기인가"

다. 챗GPT에게 나무 블록을 활용해 마이크로소프트 회사 로고를 형상화하라고 명령을 내리자, 챗GPT는 즉각 로봇 팔을 작동시킬 코드를 작성했고, 이 코드를 전달받은 로봇 팔은 정확하게 명령을 수행했다. 영화 〈아이언맨〉 속 AI '자비스'를 현실에서 구현한 셈이다.

지금까지는 로봇을 작동시키려면 인간 엔지니어가 직접 코딩을 해서 명령을 입력하고 로봇이 움직이는 피드백을 관찰한 후 수정하는 작업을 반복했다. 이제는 챗GPT에게 명령을 내리기를 반복하기만 하면 된다. 마이크로소프트는 "앞으로 언어 기반의 로봇 제어가 로봇공학을 실험실에서 벗어나 일상으로 가져오는 계기가 될 것"이라고 전망했다.*

2022년, 가트너는 미래 전략 기술 중의 하나로 '생성형 인공지능(AI)'을 꼽았다. 2023년 3월 2일, 미국 경제전문매체 패스트컴퍼니는 '세계에서 가장 혁신적인 기업' 순위를 발표했다. 1위는 챗GPT 서비스를 공개한 오픈AI였다. 그리고 챗GPT 창조자 미라 무라티를 '세계에서 가장 혁신적인 인물'이라고 평가했다.

미라 무라티는 2013년부터 테슬라에 합류하여 모델X 개발을 총괄한 인물이다. 당시 테슬라는 자율주행 소프트웨어 오토파일럿

* 매일경제, 2023.03.12. 황순민, "아이언맨 AI비서 '자비스' 현실로 성큼"

Autopilot과 인공지능을 통해 공장 시스템을 완전 자동화하는 프로젝트를 진행 중이었다. 미라 무라티는 AI 개발을 지켜보며 모든 일을 해낼 수 있는 '범용 인공지능(AGI· artificial general intelligence)' 개발에 욕심을 가졌다.

2018년, 미라 무라티는 범용 인공지능의 구현을 비전으로 가진 오픈AI사에 전격 합류했다. 오픈AI사에 합류한 미라 무라티는 구글과는 전혀 다른 방식으로 AI 개발을 이끌었다. AI 개발이 완료되기 전에 개발 과정을 철저히 숨기던 업계 관행을 따르지 않았다. 미라 무라티는 대중과 접점 없이는 올바른 방향으로 AI를 개발하는지 알 수 없다는 신념을 가지고 개발 과정을 대중에게 보여주고 대중의 의견을 받아들여 계속 바꿔 가는 방식을 선택했다. 이 부분이 개발자가 375명에 불과한 오픈AI가 구글의 인공지능 개발팀을 앞지른 이유다.

먼저 오픈AI는 논문이나 클로즈드 테스트를 통해 개발자와 경쟁 AI 회사들에게 방법론과 소스코드를 공개했다. GPT1과 GPT2로 만든 이전 버전의 챗GPT가 이런 방식으로 공개되었다. 이렇게 노하우를 공개하는 정책 덕택에 GPT3.5 버전을 기반으로 한 챗GPT에 마이크로소프트로부터 거대한 투자금도 유치했다. 오픈AI사는 이미지 생성을 하는 인공지능 DALL-E 2도 전세계 유명 작가와 예술가들에게 공개했다. 그리고 2022년 11월 챗GPT를 대중에게 전격 공개하여 누구나 사용할 수 있도록 했다. 무라티가 생각한 '대중과 함께하는 AI 개발'이라는 비전이 실현된 순간이었다.

대중을 선점한 효과는 강력했다. 챗GPT는 거짓말을 하고 틀린 추론을 우기는 단점을 가지고 있었지만 대중은 그것조차도 '신기한 일'로 받아들였다. 발등에 불이 떨어진 구글도 같은 서비스를 뒤늦게 공개했다. 당연히 구글의 인공지능 챗봇도 비슷한 실수를 했다. 하지만 대중은 구글의 실수를 조롱했다.*

사실, 대화용 인공지능의 최고 기술을 가진 기업은 오픈AI사가 아니다. 구글이다. 구글의 대화형 인공지능의 이름은 '람다'다. 하지만 구글은 두 가지 이유 때문에 '람다' 서비스를 미뤘다.

하나는 람다가 사용자와 대화하면서 드러낼 수 있는 다양한 실수 때문이다. 마이크로소프트는 '테이'라는 채팅 봇이 인종 차별적인 언어 문제를 만들어 공격을 받았다. 2021년에는 메타가 내놓은 AI 챗봇 '블렌더봇'이 특정 인종에 대한 고정관념을 드러내서 비난을 받았다. 구글도 이런 점들이 걱정되었던 것이다.

하지만 이것보다 더 중요한 이유가 있었다. 람다 서비스를 시작하면, 구글 매출의 80%를 차지하는 자사 검색엔진의 효용성이 떨

* 조선일보, 2023.03.06. 박건형, "세계 최고 혁신가는 35세 여성… 챗GPT 창조주 미라 무라티"

어질까 우려했다. 사용자의 질문에 잘 정리된 문장으로 즉각 대답하는 챗GPT 같은 대화형 인공지능은 구글링을 할 필요가 없게 만드는 딜레마를 만들어낸다.*

구글이 이런 이유들도 주춤하는 동안, 오픈AI사가 내놓은 챗GPT가 광풍을 일으키며 전 세계를 강타했다. 검색 시장에서 최약체로 분류된 마이크로소프트는 대역전의 승부 카드로 챗GPT 기술을 도입하고 한발 빠른 행보를 펼쳤다. 오픈AI와 마이크로소프트의 승부수는 통했다. 그리고 다양한 이유를 구구절절 들어가면서 머뭇거렸던 구글을 비롯해서 전 세계 빅테크 기업들은 비상이 걸렸다.

충격은 여기서 끝나지 않는다. 2023년 3월 말, GPT4가 공개되었다. GPT4는 파인튜닝을 하는 대로 비즈니스 모델이 확장된다. 영상을 무료로 만들어주고 광고를 붙일 수 있다. 일명 멀티모달Multi-modal 기능이다. 챗GPT를 개발한 오픈AI사도 이미지 생성형 AI인 달리Dalle 시리즈, 코딩 자동생성 기능을 갖춘 코덱스Codex 알고리즘 기술을 확보하고 있다. 필자는 챗GPT에게 '멀티모달' 기능이 무엇인지 설명해 달라고 했다. 답은 아래와 같다.

---

* 한경비즈니스, 2023.02.02. 심용운, "인간 영역에 도전하는 생성형 AI, 혁신인가 사기인가"

"멀티모달 AI는 다양한 종류의 데이터, 즉 이미지, 음성, 텍스트, 동영상, 제스처, 시선, 표정, 생체신호 등 다양한 모드의 정보를 동시에 활용하는 인공지능 기술입니다. 멀티모달 AI는 각각의 모드에서 얻은 정보를 결합하여 보다 정확하고 효과적인 결과를 도출할 수 있습니다. 예를 들어 이미지와 텍스트 데이터를 함께 분석하여 이미지 속 물체의 종류나 속성 등을 파악하고, 그에 대한 설명을 텍스트로 제공할 수 있습니다. 또한 음성과 텍스트 데이터를 함께 분석하여 자연어 이해나 음성 인식 분야에서 보다 높은 성능을 발휘할 수 있습니다."

챗GPT 광풍을 강 건너 불구경 하듯, "재미있는 일이 일어났네." 정도로 치부할 일이 아니다. 2023년 현재, 생성형 AI 기술 개발에 미국에서만 450개 이상의 스타트업이 뛰어들었고, 피치북 자료에 따르면 2022년에만 13억 7,000만 달러(약 1조 7,000억 원)가 투자됐다. 챗GPT를 만든 오픈AI의 기업 가치는 2022년 140억 달러(약 17조 2,500억 원)에서 2023년 초에 290억 달러(약 35조 7,000억 원)로 상승했다. 그 누구도 거스를 수 없는 대세다. 챗GPT 기술은 현재 가장 강력한 인공지능 기술 중 하나다.

미국 메사추세츠공과대(MIT)에서 발행되는 〈테크놀로지리뷰〉는 오픈AI사에서 범용 인공지능의 실현 시점에 관해 매년 초 전 직원을 대상으로 실시하는 설문을 거론하면서 오픈AI사 직원의 절반 이상이 15년 이내에 범용 인공지능이 실현될 것으로 장담한다고 소개했다.* 이런 기술에 대한 빠른 적응이 기업과 개인의 성공을 좌우할 것이다. 인터넷과 스마트폰이 등장했을 때, 그것을 개발한 기업과 개인뿐만 아니라 이러한 기술을 활용하여 새로운 비즈니스 모델을 개발하거나 새로운 생활 패턴을 형성한 기업과 개인이 성공했다.

전자계산기는 인간이 자기 뇌 회로에서 사칙연산을 가동하지 않아도 인간의 계산능력을 무한히 확장하는 길을 열었다. 이로써 인간들은 빠르고 정확한 계산을 수행할 수 있게 되었으며, 이를 통해 생산성이 크게 향상되었다. 컴퓨터는 인간이 기계에게 단순한 사칙연산을 엄청난 속도로 무한히 수행시키는 것만으로 얼마나 많은 변화를 만들 수 있는지를 알려주었다. 컴퓨터는 계산 능력뿐만 아니라, 데이터 처리 및 분석 등의 기술을 통해 인간의 능력을 크게 보완해주었다.

빌게이츠가 TV 화면에 최초로 커서를 불러오고 "hellow world"를 띄운 사건처럼, 스티브 잡스Steve Jobs와 워즈니악이 그래픽과 마우

* 조선일보, 2023.03.06. 박건형, "세계 최고 혁신가는 35세 여성… 챗GPT 창조주 미라 무라티"

스로 작동하는 애플 컴퓨터를 만들어낸 사건처럼, 누구나 쉽고 직관적으로 인공지능을 활용할 수 있는 대화형 인공지능의 등장은 기념비적 사건이다.

필자는 챗GPT가 인간과 인간, 인간과 컴퓨터 간의 상호 작용 방식을 크게 발전시킬 것이라고 예측한다. 챗GPT는 인간의 언어 능력을 대체할 뿐만 아니라, 새로운 서비스나 제품을 개발하는 데 있어서 창의성과 가능성을 열어주는 강력한 도구가 될 것이다. 당연히 이런 잠재력을 가진 챗GPT와 같은 대화형 인공지능을 남들보다 먼저 사용하는 사람은 시장을 바꾸는 선구자가 될 것이다. 필자는 이 글을 읽는 당신이 그런 선구자가 되기를 기대한다.

선구자가 되려면 두 가지 조건이 있다. 첫째, 지금 당장 챗GTP 사용을 시작해라. 둘째, 비판적 사고라는 안전장치를 장착하라. 필자는 위에서 챗GPT가 가진 단점들을 설명했다. 최신 데이터를 학습하지 못해서, 최신 정보나 지식을 물어보면 오답을 내는 문제, 타인을 향한 혐오 발언, 인종 차별, 성차별 등의 비인간적인 점, 학습 데이터의 다양성과 품질에 따라 성능이 달라지거나 오답을 내는 점, 모든 질문에서 100% 정답을 말하지 못하는 점, 부족한 정보를 기반으로 완벽하게 거짓말을 하거나 대책 없이 우기는 점 등이다.

하지만 이런 단점과 오류는 인간도 가지고 있다. 인류 역사가 끝날 때까지 인간과 인간의 대화나 토론에서 이런 단점이 사라지는 일은 절대 없다. 다만 인간은 이런 단점을 극복하거나 이런 단점 때문에 피해를 보지 않는 방법을 알고 있다. 바로 비판적 사고다.

챗GPT 사용에도 비판적 사고라는 안전장치를 사용하면 단점을 충분히 극복할 수 있다. 오히려 챗GPT와 인간의 비판적 사고와 만나면 잠재력이 폭발한다. 참고로 챗GPT도 "비판적 사고는 인공지능 모델을 사용할 때 항상 염두에 두어야 할 중요한 요소 중 하나입니다. 이를 통해 모델의 한계와 편향성 문제를 인식하고, 적절한 대처 방안을 마련할 수 있습니다."라며 필자와 같은 대답을 했다.

챗GPT를 제대로 활용하는 비법 5가지

챗GPT 같은 대화형 인공지능의 발전에 대처하지 않으면, 시대에 뒤떨어지고 기회를 놓치고 새로운 위험에 노출되고 경쟁에서 밀려난다. "늑대가 나타나면 새가 날아가듯 한다."라는 속담의 주인공이 당신이 될 수 있다.

이런 미래를 피하려면, 지금 당장 챗GPT를 효과적으로 다루는 방법을 배워야 한다. 필자가 챗GPT를 효과적으로 다루는 몇 가지 기본 방법을 조언한다.

영어로 질문을 던져라

챗GPT는 대규모 데이터셋을 학습하는 것을 기반으로 한다. 당연히 한국어 데이터셋보다 영어 데이터셋이 비교되지 않을 정도로 많다. 그 결과, 영어로 대화할 때와 한국어로 대화할 때의 답변 수준에 차이가 난다.

챗GPT를 효과적으로 다루는 첫 번째 방법은 중요한 질문을 할 때는 영어와 한국어로 동시에 물어보는 것이다. 예를 들어 보자. 필자는 비판적 사고의 중요성을 강조했다. 필자는 챗GPT에게 '한국어로' 비판적 사고에 대해서 설명해 달라고 명령했다. 챗GPT가 내놓은 대답은 다음과 같다.

"비판적 사고는 단순히 주어진 정보나 상황을 받아들이는 것이 아니라, 그것을 분석하고 평가하여 합리적인 판단을 내리는 것을 의미합니다.

비판적 사고를 가진 사람은 단순히 주어진 정보나 권위자의 의견을 믿지 않고, 그것을 다각적으로 분석하고 평가하여 합리적인 결론을 도출할 수 있습니다.

비판적 사고를 하는 것은 현실을 정확하게 인식하고 문제를 해결하는 데 있어서 중요한 역할을 합니다. 비판적 사고는 지식을 습득하고, 문제를 해결하는 데 있어서 핵심적인 역할을 담당합니다. 또한 비판적 사고는 새로운 아이디어를 도출하고, 창의적인 문제 해결 방법을 찾는 데도 큰 도움이 됩니다. 비판적 사고를 통해 문제를 해결하고, 합리적인 결론을 도출하는 것은 더 나은 세상을 만들기 위한 필수적인 요소입니다. 비판적 사고를 할 때에는 주어진 정보를 철저히 분석하고, 이를 다각적으로 평가하여 합리적인 결론을 도출하는 것이 중요합니다."

필자는 '영어로' 비판적 사고가 무엇인지[What Critical thinking skill is?] 다시 물어봤다. 다음은 챗GPT가 영어로 대답한 내용이다.

"Critical thinking is the process of analyzing and evaluating information or situations in a systematic, rational, and objective way. It involves being able to identify, analyze, and evaluate arguments and evidence, and then using that analysis to form reasoned judgments and make informed decisions. Critical thinking skills involve several key elements, including questioning assumptions, considering alternative perspectives, recognizing biases and prejudices, evaluating evidence and arguments, and making logical inferences and deductions. The goal of critical thinking is to arrive at well-reasoned and evidence-based conclusions that are supported by sound reasoning and evidence. Critical thinking is an essential skill in many areas of life, including education, the workplace, and personal relationships. It enables individuals to evaluate information and arguments effectively, make informed decisions, and communicate their ideas and opinions clearly and persuasively. Developing critical thinking skills requires practice and effort, but it can be a valuable tool for success in many areas of life."

영어 울렁증이 있는 사람이 많다. 이런 분들은 다음 2가지 방법 중 하나를 사용하라. 챗GPT는 이전의 다른 번역기보다 더 좋은 한국어 번역 능력을 가지고 있다. 그래서 챗GPT의 영어 대답을 다른 번역기로 옮겨서 처리할 필요가 없다. 영어로 질문을 하고, 챗GPT가 영어로 대답을 하면, 그다음에 곧바로 한국어로 번역해 달라고 명령하면 된다.

아래는 비판적 사고에 대한 영어 대답을 한국어로 다시 번역해 달라고 했을 때의 결과물이다.

"비판적 사고란 체계적이고 합리적이며 객관적인 방식으로 정보나 상황을 분석하고 평가하는 것을 말합니다. 이는 주어진 정보나 논증, 증거 등을 인식하고 분석하며 합리적인 판단을 내리는 것을 의미합니다.

비판적 사고는 가정을 의심하고 대안적인 시각을 고려하며 편견과 선입견을 인식하고, 증거와 논증을 평가하며 논리적으로 추론하고 결론을 도출하는 등의 다양한 핵심적인 요소를 포함합니다.

비판적 사고의 목표는 합리적인 판단을 내리고, 근거와 논리에 바탕을 둔 결론을 도출하는 것입니다. 비판적 사고는 교육, 직장, 개인적인 관계 등 다양한 분야에서 필수적인 기술입니다. 이는 정보와 논증을 효과적으로 평가하고, 합리적인 결정을 내리며, 자신의 의견을 분명하고 설득력 있게 전달하는 것을 가능케 합니다.

비판적 사고 기술은 연습과 노력이 필요하지만 인생의 다양한 영역에서 성공을 위한 중요한 도구가 될 수 있습니다."

챗GPT가 내놓은 대답은 필자가 처음에 한국어도 물어볼 때 한 대답과 약간의 차이가 있었다. 참고로 영어 자료를 사용하는 또 다른 방법이 있다. 한글로 질문을 입력하면 자동으로 영어로 번역하여 영어 자료를 찾아주고, 그것을 자동으로 한글로 번역해주는 '프롬프트 지니'라는 플러그 인 프로그램을 설치하면 된다. 설치하는 방법도 어렵지 않다. 다만 이 프로그램을 사용하기 위해서는 인터넷 브라우저를 '크롬'을 사용해야 한다. 크롬 확장스토어에서 '프럼프트 지니'를 검색해서 설치하면 된다.

추가로 심층 질문을 하라

챗GPT를 효과적으로 다루려면, 해당 주제에 대해서 영어, 한국어로 각각 질문을 한 후 역사적 사회적 자료나 의의 등 심층 혹은 확산 질문을 다양하게 해야 한다. 챗GPT가 알려준 대답을 읽고, 차이점, 공통점, 어원 등 추가로 심층 질문을 할 수도 있다.

필자는 비판적 사고에 대해서 다양한 심층 질문을 던졌다. 아래는 챗GPT는 비판적 사고의 역사에 대해서 설명해준 내용이다.

"비판적 사고는 고대 그리스 철학자 소크라테스와 그의 제자들에 의해 발전되었습니다. 소크라테스는 질문을 통해 사람들의 생각을 비판하고 검증하는 방식을 제시하며, 이를 소크라테스식 비판주의라고 합니다. 이후 그의 제자인 플라톤과 아리스토텔레스는 비판적 사고를 체계적으로 연구하고 발전시켰습니다. 중세 유럽에서는 교리나 가르침을 비판적으로 검토하는 방식인 슈도비다(Scholasticism)가 발전하였습니다. 이후 현대 철학에서는 르네 데카르트, 존 스튜어트 밀, 이만규 등 다양한 철학자들이 비판적 사고를 연구하고 발전시켜 왔습니다. 19세기부터는 비판적 사고가 교육 분야에서 중요한 역할을 하게 되었습니다. 이후 20세기에는 미국 교육자인 존 데윗(John Dewey)이 비판적 사고를 교육에서 적용하는 방법을 제시하며, 비판적 사고 교육의 필요성이 강조되기 시작했습니다.

현재에는 비판적 사고는 교육, 직장, 개인적인 관계 등 다양한 분야에서 필수적인 기술로 인식되고 있습니다. 또한 인터넷과 소셜 미디어의 발전으로 인해 불확실하고 허위 정보가 퍼지는 환경에서 비판적 사고는 더욱 중요한 역할을 하게 되었습니다."

위 대답을 읽은 후, 필자는 챗GPT에게 비판적 소크라테스식 비판주의와 아리스토텔레스의 비판적 사고를 비교해 달라고 명령했다. 챗GPT는 아래처럼 둘의 차이점을 친절하게 대답했다.

"소크라테스식 비판주의는 주로 질문을 통해 상대방의 생각을 비판하고 검증하는 방식을 말합니다. 이 방식은 소크라테스가 주로 이끌던 대화에서 나타났으며 상대방의 진실성과 일관성을 검증하기 위해 대화를 통해 상대방의 가설이나 주장을 분석하고 검증하는 방식입니다.

반면 아리스토텔레스의 비판적 사고는 주로 논증적 사고를 통해 이루어집니다. 즉 상대방이 제시한 주장이나 가설을 분석하고 논증을 통해 검증하고 평가하는 것입니다. 아리스토텔레스는 상대방의 주장이 합리적이고 논리적인 근거를 갖고 있는지를 검증하며 이를 통해 현상을 이해하고 설명하는 방식으로 비판적 사고를 연구하였습니다.

두 방식은 서로 다른 접근 방식이지만, 비판적 사고의 근본적인 목적은 동일합니다. 어떤 주장이나 가설이 합리적인 근거를 가지고 있는지를 분석하고 검증하여 진실성을 판단하는 것입니다. 따라서 소크라테스식 비판주의와 아리스토텔레스의 비판적 사고는 상황에 따라 다르게 적용될 수 있으며 비판적 사고의 목적을 달성하기 위한 다양한 방법을 제공합니다."

챗GPT에게 소크라테스식 비판주의와 아리스토텔레스의 비판적 사고를 배울 수 있는 책을 추천해 달라고 요구했다. 아래는 챗

GPT가 추천해준 책들이다.

"소크라테스식 비판주의와 아리스토텔레스의 비판적 사고를 배울 수 있는 책을 추천해드리겠습니다.

- 소크라테스의 변명 - 플라톤: 이 책은 소크라테스의 변명문을 바탕으로 쓰여진 책으로, 소크라테스의 사상과 방식을 이해하는 데 도움이 됩니다.
- 비판론 - 아리스토텔레스: 이 책은 아리스토텔레스의 논리학과 비판적 사고를 다룬 책으로, 논증, 논리, 인과관계 등을 이해하는 데 도움이 됩니다.
- 비판적 사고력 향상을 위한 실습교재 - 데이비드 R. 카르터, 루즈안느 E. 크롤리: 이 책은 비판적 사고와 추론의 기초를 설명하고 있어 체계적인 연습을 통해 실력을 향상시키는 데 도움이 됩니다.
- 비판적 사고의 기초 - 리처드 폴 엘더: 이 책은 비판적 사고와 관련된 여러 가지 개념과 기술을 소개하고, 이를 어떻게 실제 상황에서 적용할 수 있는지를 설명하고 있습니다.
- 비판적 사고의 연습 - 벤 베어 이 책은 비판적 사고의 실제적인 연습 방법을 제시하고, 논리적 추론, 증거 평가, 인

식적 오류 등에 대한 지식을 제공합니다.

- 위의 책들은 소크라테스식 비판주의와 아리스토텔레스의 비판적 사고를 배우고자 하는 분들에게 추천할 만한 책입니다."

구글이나 네이버 검색엔진을 사용할 때처럼 챗GPT에게 물어볼 때도 '질문 키워드'를 잘 선택하는 것이 중요하다. 챗GPT가 대답을 잘하는 영역이 있다. '사실' 기반의 내용을 정리해 달라는 질문에 좋은 대답을 내놓는다. 개념을 설명하고, 특정 항목을 찾고, 정보나 지식을 요약하는 것도 챗GPT가 잘하는 영역이다. 예를 들어 "통화주의의 핵심 개념이 무엇인가?" "중앙은행의 핵심 기능을 5가지로 요약하라." "인공지능 기술분야의 최신 동향을 요약하라."와 같이 챗GPT에게 던지는 질문이 매우 주관적이면 좋은 대답을 얻을 수 없다.

형식이 분명한 문장이나 글도 작성을 잘한다. 비즈니스 이메일 초안을 정중한 어투로 작성해 달라고 부탁하거나, 특정 주제를 논문형식으로 작성하라는 등의 명령을 하면 수행을 잘한다. 인공지능의 최고 장점인 빠른 시간에 정보를 검색하고 수집하는 것은 물론이고 '정리'를 매우 잘한다. 구체적인 사례를 찾아주는 것도 잘한다. 필자가 위에서 보여준 것처럼, 관련 도서나 인터넷 사이트 추천도 잘해준다.

이런 챗GPT의 기능을 잘 이용하면 당신이 스스로 같은 주제를 구글이나 네이버 검색엔진에서 질문하고 일일이 찾아서 읽고 정리하는 시간을 혁명적으로 줄여준다.

해당 분야 최고의 인간 전문가의 의견을 살펴라

챗GPT를 효과적으로 다루는 세 번째 방법은 챗GPT의 대답들을 읽은 후에 해당 분야의 인간 최고 전문가의 의견을 듣고 읽는 것이다. 챗GPT를 활용해서 기초적인 정보와 지식을 습득한 상황이기 때문에 다양한 인간 전문가의 의견을 살필 필요가 없다. 해당 분야의 최고 인물에게만 물어보면 된다. 예를 들어 필자는 미래예측과 통찰력이라는 강의를 할 때 통찰력에 대해서 다음과 같이 정의해서 가르친다.

비판적 사고는 자신이나 타인의 아이디어, 주장(추론, 가치 표현), 논증에 대해 적극적으로 검토, 분석, 분류, 종합하여 판단(평가, 결론 도출, 해석)하는 기술이다. '비판적critical'의 사전적 의미는 "사물의 옳고 그름을 가리어 판단하는 것" "사물을 분석하여 각각의 의미와 가치를 확인하고, 전체 의미와 관계를 분명하게 밝혀, 그 존재의 논리적 기초를 밝히는 일"이다. '비난(남의 잘못이나 결점을 책잡아 나쁘게 말함)'이나 '잘못을 공격'하는 행위가 아니다. 'Critic'의 어원은 판단

혹은 검사를 뜻하는 라틴어 'criticus'이다. 그래서 영어 critic은 평론가, 비평가 의미를 갖는다. 참고로 필자는 한국어 '비판'이라는 단어의 부정적 인상 때문에, Critical Thinking은 '평론적 사고', '검사적 사고inspection thinking'라고 번역하는 것이 더 좋다고 생각한다.

비판적 사고가 주는 유익은 다음과 같다. 첫째, 생각을 논리정연하게 만들어준다. 둘째, 중요한 정보를 간과하거나 성급한 결론을 내리는 오류를 범하지 않도록 도와준다. 셋째, 가치 있는 정보(사실)와 그렇지 않은 정보(사실)을 구별하는 데 도움을 준다. 넷째, 복잡한 문제를 해결하고, 창조적 생각을 촉진시킨다.

비판적 사고(평론적 사고, 검사적 사고)를 할 때 주의점도 있다. 지엽적 문제를 트집 잡지 말고, 문제의 핵심을 중요한 대상으로 해야 한다.

습득한 정보를 비판적 사고를 거쳐 걸러라

앞의 세 가지 사전 작업을 마쳤다면 본격적으로 비판적 사고를 실행해야 한다. 이것이 챗GPT를 효과적으로 다루는 네 번째 방법이다. 아래는 필자가 비판적 사고(평론적 사고, 검사적 사고)핵심만을 그림으로 그려서 정리한 것이다.

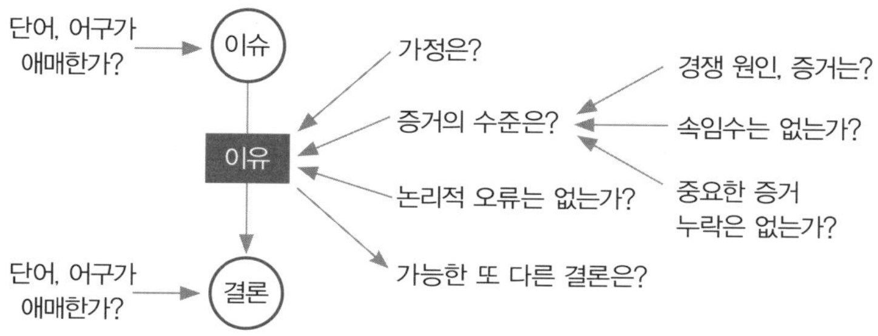

비판적 사고 트리

먼저 챗GPT가 주장하는 이슈와 결론이 무엇이며 그 둘의 조합이 제대로 맞았는지를 간파해야 한다. 이슈는 기술적 이슈와 규범적 이슈로 나뉜다. 기술적 이슈는 알고자 하는 것에 대해서 정확한 기술(description, 서술)을 결론으로 내는 것이다.

예를 들어 "무엇이 고혈압을 일으키는가?"는 기술적 이슈다. 이에 대한 기술적 결론은 "고혈압을 일으키는 이유는 ~이다."라는 식의 문장이어야 한다. 반면 규범적 이슈는 "사형은 폐지되어야 하는가?"처럼 규범, 가치 등을 묻는 질문이다. 이에 대한 결론은 규범적이거나 가치판단을 내리는 문장이어야 한다.

인간과 인간의 대화나 토론 혹은 의견 전개 과정에서는 기술적 이슈는 기술적 결론을, 규범적 이슈는 규범적 결론을 내려야 한다는 원칙을 잘 지키지 않는 상황이 자주 일어난다. 반면 챗GPT처럼 대화형 인공지능은 이런 실수를 거의 하지 않는다.

그다음으로 챗GPT가 대답한 내용에서 모호한 단어나 어구가 있는지를 조사해야 한다. 특히 대답의 핵심 단어나 어구를 주의 깊게 살펴보아야 한다. 단어나 어구가 모호하거나 너무 추상적인 것을 선택한 것은 아닌지를 살펴보라. 인간과 인간의 대화나 토론 혹은 의견 전개 과정에서는 '남을 속이려는 목적으로' 일부러 그런 단어나 어구를 사용한다.

반면 챗GPT는 두 가지 이유로 이런 실수를 한다. 첫째, 당신을 속이려는 목적보다는 '학습이 부족하거나' '잘못된 학습' 때문에 이런 오류를 범한다. 둘째, 챗GPT에 던지는 질문 자체가 모호하기 때문에 대답도 모호하게 나오는 경우다. 이런 경우에는 챗GPT에게 좀 더 구체적으로 대답을 해 달라고 명령하거나, 당신이 좀 더 정확하고 구체적인 질문을 던지면 해결된다.

그다음은 챗GPT가 정보나 지식을 종합하여 결론을 내리는 과정을 꼼꼼하게 조사해야 한다. 예를 들어 "결론의 근거로 사용한 증거(그것이 객관적 사실이라도)를 선택하는 데 부정적 영향을 받았는가?" 인간과 인간의 대화나 토론 혹은 의견 전개 과정에서는 자신이 믿고 있는 가치에 부합하는 사실(증거)만을 '의도적'으로 선택하는 경우가 많다. 다수의 선택지 중에서 객관적이고 최상의 것을 선택하지 않고, 소수의 이익을 대변하는 증거 선택을 하는 경우가 많다. 이를 파악하기 위해서는 그 사람의 배경을 탐구하거나 비슷한 사회적 논쟁 사례를 찾아보면 된다.

반면 챗GPT는 불순한 의도로 소수의 이익을 대변하는 증거를 선택할 가능성은 낮다. 대신 챗GPT가 타인을 향한 혐오 발언, 인종 차별, 성차별 등의 비인간적인 태도를 학습했는지를 검토해보는 것이 중요하다. 참고로 이것에 대한 검토는 당신이 직접 할 필요가 없다. 전문가와 언론들이 꼼꼼하게 평가해줄 것이다. 미래에는 챗GPT 이외에도 다양한 대화형 인공지능 서비스가 속출할 것이다. 이 부분에 대한 검토는 그런 미래에 필요한 사항이다.

그리고 "결론의 근거로 사용한 '증거'가 참인가?"도 살펴보아야 한다. 챗GPT 같은 대화형 인공지능은 학습의 수준과 범위에 따라서 잘못된 증거를 찾아 제시할 수도 있다. 실제로 현재 가장 많이 제기되는 오류다. 이런 오류는 챗GPT를 학습시키는 데이터 자체가 오염되었거나, 정보 자체가 부족하거나 유사해 보이지만 완전히 다른 정보(증거)가 많은 경우에서 나타난다.

예를 들어 아래는 "미래학자 최윤식 박사의 이력을 알려줘?"처럼 특정인의 이력을 묻는 질문에서 나타나는 오류다.

"최윤식 박사는 서울대학교 법학전문대학원에서 국제법학

석사 학위를, University of Southern California에서 경영학 박사 학위를 받았습니다. 그리고 UCLA에서 미래학 석사 학위를 취득하였습니다.

최윤식 박사는 대한민국 대통령직속 미래창조과학부의 과학기술인재개발원장을 역임하였으며, 한국정보화진흥원(KISA)과 한국데이터진흥원(KDI) 등에서 미래전략 및 인공지능 전문가로 활동했습니다. 현재는 미래전략 컨설팅을 전문으로 하는 TIPS라는 회사를 운영하고 있습니다.

최윤식 박사는 미래학, 전략적 사고, 인공지능, 빅데이터, 디지털 트랜스포메이션 등의 분야에서 다수의 논문을 발표하고, 강연 및 컨설팅 활동을 수행하며 국내외 다수의 기업 및 정부부처에서 미래전망 및 전략적 방향성을 제시하는 일을 하고 있습니다."

챗GPT는 한국에 필자와 이름이 같은 동명이인들의 정보를 완벽하게 구별해내지 못해서 다소 엉뚱하고 틀린 정보를 결론으로 제시했다. 아래의 결론 중에서 세 번째 문단은 옳은 대답을 했다. 하지만 첫 번째 문단에 있는 학력은 아마도 필자와 이름이 같은 다른 '최윤식'에 대한 내용인 듯하고, 두 번째 문단에 있는 경력은 필자의 것과 다른 동명이인 혹은 다른 트랜드 전문가의 것들이 혼합

되어 있다.

챗GPT는 정보가 적은 사건, 인물 등에 대해서는 질문자가 준 키워드에 맞는 것을 모두 가져와서 자기 마음대로 조합하는 실수를 자주 범한다. 필자의 사례에서는 '최윤식'이라는 이름 키워드와 '미래학자'라는 키워드를 가지고 연결된 정보(증거)를 가져와서 결론을 조합한 듯 보인다. 그래서 정보가 적은 사건, 인물 등에 대해 질문을 할 때는 반드시 비판적 사고(조사적 사고)를 가동해야 한다.

마지막으로 챗GPT는 추론 기능을 가지고 있다. 챗GPT가 가진 추론 기능은 인공지능의 비약적 발전의 결과다. 하지만 초기 기술이기 때문에 단점도 분명하다.

챗GPT의 추론 기능에서 나타나는 문제는 두 가지다. 첫째, 챗GPT는 자신의 사전 학습이 1~2년 전 데이터까지만 했다는 것을 감안하지 않고, 1~2년 전 정보를 기반으로 미래를 추론하고 그것을 우기기까지 한다. 이 문제는 개발사가 사전 학습 업데이트 주기와 속도를 높이는 것으로 점차 개선될 것이다. 둘째, 추론 기능상에서 발생하는 오류다. 이 문제는 인간과 인간의 대화나 토론 혹은 의견 전개 과정에서도 빈번하게 발생하는 오류이다. 추론상에서 발생하는 대표적인 오류들은 다음과 같다.

- 거짓 원인의 오류: "까마귀 날자 배 떨어진다."라는 식의 주장이다.

참고로 챗GPT는 거짓 원인의 오류를 이렇게 설명한다.

"어떤 결과가 발생한 원인을 잘못 판단하여 잘못된 결론을 내리는 오류입니다. 이 오류는 대개 다음과 같은 상황에서 발생합니다. 첫째, 인과관계를 파악하지 못하는 경우입니다. 어떤 결과가 발생한 원인을 파악하지 못하고 인과관계를 잘못 판단하여 잘못된 결론을 내리는 경우가 있습니다. 둘째, 통계적 상관관계와 인과관계를 혼동하는 경우입니다. 두 변수 간의 통계적 상관관계가 높다고 하여 두 변수 사이에 인과관계가 있다고 단정하는 것은 위험합니다. 셋째, 현재의 상황과 무관한 사실을 근거로 결론을 내리는 경우입니다. 예를 들어 어떤 사람이 성공한 이유를 태어난 지 100년을 살았기 때문이라고 단정하는 것은 현재의 상황과 무관한 사실을 근거로 한 결론입니다. 넷째, 복잡한 문제를 단순한 하나의 원인으로 설명하는 경우입니다. 복잡한 문제를 단순한 하나의 원인으로 설명하는 것은 현실적이지 않으며, 해당 문제의 본질적인 원인을 파악하지 못하는 원인의 오류입니다."

- 허수아비 공격의 오류: 예를 들어 "체벌 금지는 자녀교육을 포기하라는 것이다."라는 식의 주장이다. 참고로 챗GPT는 허수아비 공격의 오류를 이렇게 설명한다.

"허수아비 공격이란 논쟁 상대방의 주장을 공격하는 것이 아니라, 상대방이 주장하고 있지 않은 주장을 공격하는 오류입니다. 즉 상대방의 주장을 공격하는 것이 아니라, 상대방이 내린 결론과는 관련 없는 다른 주장을 비판하거나 공격하는 것입니다. 이 오류는 다음과 같은 경우에 발생할 수 있습니다. 첫째, 상대방의 주장을 잘못 이해하는 경우입니다. 상대방이 내리고자 하는 결론을 잘못 이해하고, 다른 결론을 공격하는 경우가 있습니다. 둘째, 상대방이 주장한 것을 무시하고 자신이 만들어낸 가상의 주장을 공격하는 경우입니다. 셋째, 상대방이 주장한 것과 다른 주장을 공격하면서, 이를 상대방의 주장으로 치장하는 경우입니다. 이 경우, 실제로는 상대방이 내린 결론과는 무관한 다른 주장을 공격하면서, 그것을 상대방의 주장으로 비난하는 것입니다."

- 선결 문제의 오류: "그 사람은 나쁘다. 그래서 그 사람을 믿으면 안 된다."라는 식의 주장이다. 선 전제(그 사람은 나쁘다)의 참/거짓이 확인되지 않은 주장이다.
- 미끄러운 경사길의 오류: "안락사를 허용하면, 인류의 대량학살이 일어난다."라는 식의 주장이다.
- 성급한 일반화의 오류: "하나를 보면, 열을 안다."라는 식의 주장이다.
- 인신 공격의 오류: "저쪽 당의 주장은 들어볼 필요가 없다. 무조건 틀리다."라는 식의 주장이다.
- 대중에 호소하는 오류: "30%의 사람이 지지하니, 그 사람의 말은 참이다."라는 식의 주장이다.

- 완벽한 해결책 찾기의 오류: "그 해결책이 해당 문제를 완벽하게 해결하지 못한다면 채택하면 안 된다."라는 식의 주장이다.

인간은 위와 같은 오류의 대부분을 범한다 하지만 챗GPT는 허수아비 공격의 오류, 선결 문제의 오류, 인신 공격의 오류, 대중에 호소하는 오류, 완벽한 해결책 찾기의 오류 등은 거의 범하지 않는다. 반면 미끄러운 경사길의 오류, 성급한 일반화의 오류를 범할 가능성은 있다. 챗GPT는 미끄러운 경사길의 오류를 이렇게 설명한다.

"미끄러운 경사면의 오류는 특정 행동을 취하는 것이 필연적으로 일련의 부정적인 결과를 초래할 것이라고 주장할 때 이 주장을 뒷받침할 충분한 증거를 제공하지 않고 주장할 때 발생합니다. 이 오류의 핵심은 초기 조치와 일련의 부정적인 결과를 연결하는 증거가 부족하고 이러한 모든 결과가 선형적이고 피할 수 없는 방식으로 발생할 것이라는 가정입니다. 예를 들어 어떤 사람은 동성 결혼을 허용하면 결국 인간과 동물 간의 결혼이 합법화될 것이라고 주장할 수 있습니다. 이 주장은 둘 사이에 직접적이고 불가피한 연결이 있다고 가정하고 그러한 시나리오를 가능성이 없거나 불가능하게 만드는 많은 요소를 무시하기 때문에 결함이 있습니다. 요약하면, 미끄러운 경사면의 오류는 누군가 특정 행동에서 뒤따를 일련의 부정적인 결과에 대해 근거 없는 가정을 할 때 발생합니다. 그러한 주장을 비판적으로 평가하고 제안된 인과관계를 뒷받침하거나 반박할 증거를 찾는 것이 중요합니다."

미끄러운 경사길의 오류는 '불확실한 근거나 정보, 불완전하거나 근거가 부족한 정보를 기반으로 우리가 한 가지 일을 하면 나쁜 일이 연쇄 반응으로 이어질 것이라는 잘못된 결론을 도출하는 것'이 핵심이다. 필자는 챗GPT에게 이렇게 질문했다. "챗GPT 같은 대화형 인공지능이 미끄러운 경사길의 오류를 범할 수 있을까?" 챗GPT의 대답은 다음과 같았다.

"챗GPT는 인공지능 언어 모델로서, 학습 데이터에 기반하여 자연어 이해와 생성 능력을 갖추고 있습니다. 따라서 챗GPT도 인간과 마찬가지로 미끄러운 경사길의 오류를 범할 가능성이 있습니다. 이는 챗GPT가 학습 데이터에 따라 작동하기 때문입니다. 즉 챗GPT가 학습한 데이터가 불완전하거나 편향되어 있는 경우, 그 결과로 챗GPT가 생성하는 답변이나 결과도 편향될 수 있습니다. 예를 들어 챗GPT가 학습한 데이터가 특정 문제에 대한 해결 방법을 제시하지 않는 경우, 챗GPT가 그 문제에 대한 결론을 내리기 어려울 수 있습니다. 따라서 챗GPT를 사용할 때에는 항상 그 결과를 신중하게 검토하고, 그 결과가 믿을 만한지를 판단하는 것이 필요합니다. 이를 위해서는 적극적인 검증과 평가가 필요하며, 챗GPT를 사용할 때에는 항상 다양한 데이터를 활용하여 학습시키는 것이 중요합니다. 또한 챗GPT의 결과를 신뢰할 수 있는지를 판단하기 위해서는 여러 가지 검증 방법을 활용해야 합니다."

챗GPT는 성급한 일반화의 오류도 범할 가능성도 충분하다. 챗GPT는 성급한 일반화의 오류를 이렇게 설명한다.

"성급한 일반화의 오류는 개별적 사례를 일반적인 규칙으로 일반화하는 것이 부적절하다는 오류입니다. 이러한 오류는 다음과 같은 상황에서 발생할 수 있습니다. 첫째, 개별적인 사례에서 얻은 정보나 경험을 일반적인 규칙으로 일반화하는 경우입니다. 예를 들어 '치킨을 먹었는데 불편한 증상이 나타났다.'라는 경험에서 '치킨은 먹으면 안 된다.'라는 일반적인 규칙을 만들려는 것은 성급한 일반화의 오류입니다. 둘째, 특정 집단이나 개체를 일반적으로 특징짓는 편견이나 고정관념에 기반하여 일반화하는 경우입니다. 예를 들어 '이 지역의 사람들은 모두 교양이 없다.'라는 편견이나 '여자는 운전을 못한다.'라는 고정관념에서 출발하여, 해당 지역이나 여성 전체에 대해 일반화하는 것은 성급한 일반화의 오류입니다."

챗GPT가 스스로 설명한 성급한 일반화의 오류 중에서 두 번째 '특정 집단이나 개체를 일반적으로 특징짓는 편견이나 고정관념에 기반하여 일반화하는 경우'는 챗GPT가 타인을 향한 혐오 발언, 인종 차별, 성차별 등의 비인간적인 태도를 학습할 경우에 발생한다. 당연히 이 부분은 서비스를 제공하는 회사가 면밀히 모니터링하고 개선을 할 것이다.

반면 첫 번째 경우인 '개별적인 사례에서 얻은 정보나 경험을 일반적인 규칙으로 일반화하는 문제'는 사용자가 비판적 사고를 통해서 스스로 걸러내야 한다. 참고로 필자는 챗GPT에게 "대화형 인공지능이 성급한 일반화의 오류도 범할 수 있을까?"라는 질문도 던졌다. 챗GPT의 대답은 다음과 같았다.

"챗GPT는 인공지능 언어 모델로서, 대규모 데이터셋을 학습하여 언어 이해와 생성 능력을 갖추고 있습니다. 이 과정에서 챗GPT는 학습한 데이터를 기반으로 자연어 처리 작업을 수행하며, 이 과정에서 성급한 일반화의 오류를 범할 가능성이 있습니다. 이러한 오류는 대화형 인공지능이 일반화 작업을 수행할 때 발생할 수 있습니다. 예를 들어 챗GPT가 '모든 새는 날 수 있다.'라는 문장을 학습하고, '오리는 새이다.'라는 문장을 입력받은 경우, 챗GPT는 '오리도 날 수 있다.'라는 성급한 일반화의 오류를 범할 수 있습니다. 하지만 최근에는 챗GPT 모델의 발전으로 이러한 오류를 줄이기 위한 다양한 기술들이 제안되고 있습니다. 예를 들어 Transfer Learning이나 Fine-tuning 등의 기술을 활용하여 챗GPT 모델이 일반화 오류를 최소화하도록 학습할 수 있습니다. 또한 데이터의 다양성을 고려하고, 학습 데이터에 대한 분석과 평가를 수행함으로써, 성급한 일반화의 오류를 방지할 수 있습니다. 따라서 챗GPT 모델도 다른 인공지능 모델과 마찬가지로, 일반화 오류를 범할 가능성이 있지만, 이를 최소화하기 위한 기술과 방법이 많이 연구되고 있으며, 적절한 활용과 검증을 통해 이러한 문제를 해결할 수 있습니다."

문해력을 길러라

챗GPT를 효과적으로 다루려면 '평소에' 다양한 독서를 통해 '문해력'을 길러야 한다. 필자가 강조하는 비판적 사고의 수준은 위에서 설명한 '비판, 평론, 조사 등의 기술적 능숙함'도 필요하지만 '문해력의 수준'에 따라 달라지기 때문이다.

문해력은 문해(文解) 능력을 가리킨다. 문해(文解) 또는 문자해득(文字解得)은 문자를 읽고 쓸 수 있는 일 또는 그러한 일을 할 수 있는 능력이다. 넓게는 말하기, 듣기, 읽기, 쓰기 같은 언어의 모든 영역이 가능한 상태를 가리킨다. 유네스코는 "문해란 유네스코는 텍스트나 디지털 정보를 식별하고, 이해하고, 해석하고, 창조하고(글을 쓰고 정보를 생산하는 활동), 소통하는 능력(스킬)"이라 정의한다. 챗GPT는 문해력을 다음과 같이 설명한다.

"문해력(Literacy)은 주어진 글을 읽고 그 안에 담긴 의미와 정보를 이해하고 해석하는 능력입니다. 즉 글을 읽고 그 의미를 이해하며, 필요한 정보를 추출하고, 추가적인 자료를 참고하여 더욱 깊은 이해를 할 수 있는 능력입니다. 문해력은 언어나 주제에 대한 능숙함과 지식도 포함됩니다. 이는 개인적 발전과 평생 학습에 필수적인 기술이며, 개인이 사회에 참여하고, 배우고, 소통하는 데도 필수적인 기술입니다. 개인이 정보와 자원을 접근하고, 정보에 대한 판단력을 갖추고, 사회문화 및 정치 활동에 적극적으로 참여할 수 있는 능력을 제공합니다. 오늘날의 정보화 시대에는 디지털 문해력도 중요한데, 이는 디지털 기술과 도구를 효과적으로 사용하고, 이를 학습하고 활용하는 능력을 의미합니다. 디지털 문해력은 교육, 일자리, 일상 소통 등 다양한 분야에서 중요한 역할을 하고 있습니다."

지금까지 설명한 챗GPT를 효과적으로 다루는 방법을 다시 정리해보자.

- 중요한 질문을 할 때는 영어와 한국어로 동시에 물어봐야 한다.
- (해당 주제에 대해서 영어, 한국어로 동시 질문을 한 후) 역사적 사회적 자료나 의의 등 심층 혹은 확산 질문을 다양하게 한다. 이런 작업은 스스로 같은 주제를 구글이나 네이버 검색엔진에서 질문하고 일일이 찾아서 읽고 정리하는 시간을 혁명적으로 줄여준다.
- (챗GPT의 대답들을 읽은 후) 해당 분야의 인간 최고 전문가의 의견을 듣고 읽는다. 챗GPT를 활용해서 기초적인 정보와 지식을 습득한 상황이기 때문에 다양한 인간 전문가들의 의견을 살필 필요가 없다.

해당 분야의 최고 인물에게만 물어보면 된다.

- 비판적 사고를 실행해야 한다. 챗GPT를 사용할 때 중점을 두어야 할 비판적 사고(평론적 사고, 조사적 사고) 영역은 세 가지다.
  ① 챗GPT가 대답한 내용에서 모호한 단어나 어구가 있는지를 조사해야 한다.
  ② 챗GPT가 정보나 지식을 종합하여 결론을 내리는 과정을 꼼꼼하게 조사해야 한다. 특히 정보가 적은 사건, 인물 등에 대해 질문을 할 때는 반드시 비판적 사고(조사적 사고)를 가동해야 한다.
  ③ 챗GPT의 추론 기능에서 나타나는 두 가지 문제를 주의하라. 첫째는 챗GPT는 1~2년 전 정보를 기반으로 미래를 추론하고 그것을 우긴다는 것이고, 둘째는 추론 기능상에서 발생하는 오류다. 특히 챗GPT는 미끄러운 경사길의 오류, 성급한 일반화의 오류를 범할 가능성이 있다.
- 평소에 다양한 독서를 하면서 문해력을 길러야 한다.

생성형 AI를 기업의 신제품 개발에 활용하면

2021년 5월 18일, 구글 CEO 순다르 피차이Sundar Pichai는 개발자 행사 '구글I/O 2021'에서 자사의 TPUTensor Processing Unit 버전 4를 공개했다. TPU는 구글이 자사 인공지능의 딥러닝 속도를 가속화도록 특별히 개발한 맞춤형 칩이다.

TPU는 엔비디아의 GPU보다 컨볼루션 신경망 학습 워크로드 등의 특별한 기계학습에서 병렬계산에서 훨씬 더 빠른 처리 속도를 제공하는 것으로 알려졌다. 구글은 TPU 버전 3까지는 칩 설계를 사람이 했다. 하지만 구글은 TPU 버전 4 개발에서는 놀라운 시도를 했다. 반도체 설계를 더 빨리 효율적으로 수행할 수 있는 인공지능 신경망을 개발함으로써 인간과 협업하여 칩 설계를 시도한 것이다.

구글이 개발한 인공지능 신경망이 집중한 설계 영역은 칩 '배치'였고, 강화 학습 문제로 모델링을 했다. 인공지능 신경망이 최상의 결과를 찾아가도록 제시한 보상Reward은 전력 절감, 성능 향상, 더 좁은 면적을 조합한 프록시 측정이었다. 구글 개발진은 AI에 기존 평면 배치 설계도 1만 종을 학습시켰다. 이후 가상의 칩에 소자 수백만 개를 배치하도록 했다. 동시에 다른 AI로 칩의 용도에 가장 적합한 평면 배치를 선별했다.

메모리 소자를 배열하는 경우의 수는 10의 2500제곱이다. 바둑돌을 놓는 경우의 수가 10의 360제곱인 데 비하면 상상할 수 없는 수다. 배치도를 일일이 평가해 최적의 배치를 찾는 것은 엄청난 시간이 필요하다. 연구진은 강화 학습법을 이용해 AI가 스스로 최적 배치법을 익히도록 유도했다. 결과는 어떠했을까?

강화 학습 기반 설계(RLDD) 능력에 최적화된 구글의 인공지능 신경망은 인간이 수개월 걸려 했던 작업을 단 6시간 만에 끝냈고, 성능도 인간보다 우월함을 보여주었다. 인간의 고유한 전유물로 여겼던 연구 및 개발, 발명도 이제는 인공지능이 넘보는 시대가 열렸다.

필자는 챗GPT에게 구글의 인공지능이 그런 놀라운 일을 할 수 있었는지를 기술적으로 좀 더 자세히 설명해 달라고 부탁했다. 챗GTP의 대답은 다음과 같았다.

"Google이 AI를 사용하여 반도체를 설계하는 것은 강화 학습 기반 설계(RLDD)라는 프로세스를 통해 기술적으로 가능합니다. 작동 방식은 다음과 같습니다.

1. 데이터 수집: 먼저 칩 설계에 대한 대량의 데이터를 수집하여 기계 학습 모델에 입력합니다. 여기에는 기존 칩 설계에 대한 정보와 반도체의 물리적 특성에 대한 데이터가 포함됩니다.
2. 디자인 공간 탐색: 다음으로 기계 학습 모델은 RLDD를 사용하여 디자인 공간을 탐색합니다. RLDD는 성능 극대화 또는 전력 소비 최소화와 같은 특정 설계 목표 달성에 대해 모델이 보상되는 보상 기반 시스템의 사용을 포함합니다. 이 모델은 다양한 설계 옵션을 탐색하고 이러한 목표를 얼마나 잘 충족하는지에 따라 보상을 받습니다.
3. 모델 교육: 기계 학습 모델이 설계 공간을 탐색함에 따라 칩 설계에 대한 이해를 지속적으로 업데이트하고 예측을 구

체화합니다. 이 모델 교육 프로세스를 통해 모델은 시간이 지남에 따라 정확도와 효율성을 향상시킬 수 있습니다.
4. 칩 검증: 기계 학습 모델이 설계를 생성하면 시뮬레이션 및 테스트를 사용하여 검증됩니다. 여기에는 칩 설계의 성능을 평가하고 원하는 목표를 충족하는지 확인하기 위한 시뮬레이션 실행이 포함됩니다.
5. 칩 제조: 디자인이 검증을 통과하면 칩 제조 시설로 보내져 제조됩니다. 결과 칩은 인공지능을 포함한 다양한 응용 프로그램에서 사용할 수 있습니다.

전반적으로 RLDD와 기계 학습을 사용하면 보다 효과적인 칩 설계 프로세스가 가능합니다. 기계 학습 모델은 보다 목표가 있고 전략적인 방식으로 설계 공간을 탐색하고 보상을 사용하여 프로세스를 안내함으로써 특정 목표에 최적화된 설계를 생성할 수 있습니다."

필자는 챗GPT에게 "너도 구글의 인공지능처럼 무언가 새로운 것을 발명할 능력이 있니?"라고 질문했다. 챗GPT는 다음과 같이 대답했다.

"챗GPT는 주로 주어진 입력을 기반으로 텍스트를 생성하도록 설계된 대화 생성형 AI 모델입니다. 창의적인 반응을 제공하고 참신한 아이디어를 낼 수는 있지만, Google의 인공지능이 반도체를 설계할 수 있는 것과 같은 방식으로 새로운 것을 발명할 수 있는 능력은 없습니다. 챗GPT에는 반도체 또는 기타 복잡한 제품 설계와 같은 작업을 수행하기 위한 특정 기능이나 교육 데이터가 없기 때문입니다. 챗GPT의 기능은 훈련 데이터의 패턴 및 연결을 기반으로 텍스트를 생성하는 것으로 제한됩니다.

하지만 챗GPT 및 기타 생성형 AI 모델을 사용하면 발명 및 혁신 프로세스를 용이하게 도울 수 있습니다. 예를 들어 아이디어 생성 및 브레인스토밍을 지원하고, 새로운 제품 및 서비스에 대한 통찰력과 피드백을 제공하고, 제품 개발의 프로토타이핑 및 테스트 단계까지 지원할 수 있습니다. 전반적으로 챗GPT에는 Google의 AI와 같은 새로운 것을 발명할 수 있는 특정 기능이 없지만 혁신 및 발명 프로세스에서 여전히 중요한 역할을 할 수 있습니다."

필자는 챗GPT 같은 대화 생성형 AI가 기업에서 신제품 개발과 연구에 어떻게 도움을 줄 수 있는지에 대해서 좀 더 구체적으로 설명해 달라고 했다. 챗GPT는 자신과 같은 대화 생성형 AI가 기업에서 신제품을 개발하고 연구를 수행하는 데 도움을 주는 몇 가지 구체적인 사례를 다음과 같이 제시했다.

- 아이디어 생성: 챗GPT는 회사가 제품, 서비스 및 연구 프로젝트에 대한 새로운 아이디어와 개념을 생성하는 데 도움을 줄 수 있습니다. 예를 들어 대규모 데이터셋, 고객 피드백 및 시장 동향을 분석하여 새로운 기회를 식별할 수 있습니다.
- 시장 조사: 챗GPT는 시장 조사를 수행하고 고객 피드백을 분석하여 기업이 목표 시장의 요구와 선호도를 이해하는 데 도움을 줄 수 있습니다. 또한 기업이 새로운 제품이나 서비스로 채울 수 있는 시장의 격차를 식별하는 데 도움이 될 수 있습니다.
- 제품 디자인: 챗GPT는 제품 디자인에 대한 피드백을 제공하고 사용자 입력을 기반으로 개선 사항을 제안할 수 있습니다. 또한 생성형 AI는 신제품에 대한 테스트 및 평가를 위한 가상 프로토타입 및 3D 모델을 생성할 수 있습니다.
- 프로토타이핑: 챗GPT 같은 생성형 AI는 가상 모델을

생성하고 디자인 반복에 대한 피드백을 제공하여 프로토타이핑 프로세스를 지원할 수 있습니다. 또한 회사가 최종 제품으로 이동하기 전에 프로토타입을 테스트하고 개선하는 데 도움이 될 수 있습니다.

- 테스트 및 평가: 챗GPT는 테스트 사례를 생성하고 결과를 평가하여 제품의 테스트 및 평가를 지원할 수 있습니다. 이를 통해 회사는 버그를 식별 및 수정하고 제품의 전반적인 품질을 개선할 수 있습니다.
- 지적 재산권 연구: 챗GPT는 특허 및 상표 데이터를 분석하여 기업이 침해 문제를 피하고 지적 재산권으로 보호되는 혁신적인 제품을 개발하도록 도울 수 있습니다.
- 경쟁 분석: 챗GPT를 사용하여 경쟁사 데이터를 분석하고 기업이 경쟁사의 강점과 약점을 이해하도록 도울 수 있습니다. 이를 통해 기업은 보다 경쟁력 있고 목표 시장의 요구를 더 잘 충족하는 제품을 개발할 수 있습니다.
- 혁신과 아이디어: 챗GPT는 사용자 입력을 기반으로 새로운 아이디어와 개념을 생성하여 혁신과 아이디어를 지원할 수 있습니다. 이를 통해 기업은 목표 시장의 요구를 보다 효과적으로 충족하는 새로운 제품과 서비스를 개발할 수 있습니다.

- 예측 분석: 챗GPT는 과거 데이터 및 시장 동향을 기반으로 예측 및 예측을 생성할 수 있습니다. 이를 통해 기업은 새로운 기회를 식별하고 시장에서 성공할 가능성이 더 높은 제품을 개발할 수 있습니다.

챗GPT는 자신과 같은 생성형 AI를 기업에서 연구 및 개발 프로세스에 통합하면 혁신적인 제품을 보다 효과적으로 개발할 수 있다고 조언했다. 챗GPT3.5는 텍스트 전용 모델이다. 이미지 생성을 하려면 달리[Dall-e2]처럼 인공지능 모델을 사용해야 했다.

2023년 3월 11일, 마이크로소프트는 문자뿐만 아니라 이미지까지 이해 및 생성할 수 있는 비주얼챗GPT를, 개발자들이 사용하는 커뮤티니인 깃허브에 전격 소개했다. 사용자가 비주얼챗GPT에 자동차 같은 특정 이미지를 올리고, "이 차의 제조사와 모델을 알려줄래?"라고 질문을 입력하면 답을 해준다. 사용자가 해당 이지미의 특정 부분을 바꿔 달라고 요청하면 새로운 이미지도 생성해준다.*

GPT4.0 버전부터는 비주얼챗GPT처럼 하나의 생성형 AI가 문자, 이미지, 동영상 등 다중 모드 작업을 동시에 수행할 수 있게 된

* ZDNet Korea, 2023.03.12. 김미정, "MS, 이미지까지 이해하고 만드는 '비주얼챗GPT' 공개"

다. 일명, '멀티모달 모델multimodal model'이다. 이제 생성형 인공지능도 인간의 뇌처럼 텍스트, 이미지, 동영상 등을 한 곳에서 일괄 처리할 수 있다. 또한 GPT4는 사용자의 의도를 추론하는 능력도 이전 버전(챗GPT3.5)보다 뛰어나다.* 즉 챗GPT 같은 대화 생성형 AI가 개인이나 기업에서 신제품 개발과 연구 및 발명의 과정과 방법을 바꾸는 시대가 본격적으로 열렸다고 해도 허언이 아니다.

** 머니투데이, 2023.03.14. 배한님, "AI와 대화하며 그림, 영상까지 만든다?…GPT4.0 어디까지 보여줄까"

생성형 AI를 서비스 산업에 활용하면

챗GPT 등장이 가져오는 변화는 기업에서 일하는 방식, 기업이나 개인의 연구개발이나 발명의 형태를 바꾸는 데 그치지 않는다. 필자의 예측으로는 가장 큰 변화는 '서비스 산업'에서 일어날 가능성이 높다.

필자는 챗GPT에게 "챗GPT 같은 생성형 AI를 사용하면 서비스업이 어떻게 변할지를 서비스 제품 유형, 서비스 제공 방식, 서비스 소비 형태, 서비스 스타일, 서비스 품질 관리, 서비스 창조, 서비스 대상, 서비스 보수 유지 등의 관점에서 예측해줘?"라고 부탁했다. 챗GPT가 내놓은 예측은 다음과 같다.

"챗GPT와 같은 생성형 AI의 구현은 서비스 산업에 광범위한 영향을 미칠 것입니다. 여기에서 업계의 여러 측면과 이들이 미치는 영향에 대해 논의합니다.

1. 서비스 제품 유형: 챗GPT와 같은 생성형 AI 기반 서비스는 다양한 범위의 개인화되고 확장 가능한 제품으로 이어질 것입니다. 기업은 AI를 활용하여 개별 고객의 요구와 선호도에 따라 맞춤형 솔루션을 제공할 수 있습니다. 또한 AI는 반복적인 작업을 자동화하여 인적 자원이 창의적·전략적 또는 관계 중심 역할에 집중할 수 있도록 하여 보다 혁신적이고 부가가치가 높은 서비스로 이어질 것입니다. 챗GPT와 같은 생성형 AI 기반 도구 및 기술은 설계, 개발 및 테스트 프로세스의 일부를 자동화하여 서비스 생성을 간소화할 수 있습니다. 또한 AI는 고객 선호도와 시장 동향에 대한 통찰력을 제공하여 기업이 진화하는 고객 요구를 충족하는 새로운 서비스를 만들 수 있도록 지원합니다.
2. 서비스 제공 방법: 챗GPT와 같은 생성형 AI는 서비스에 대한 원격, 디지털 및 즉각적인 액세스를 가능하게 하여 서

비스 제공 방법을 혁신할 것입니다. 고객은 챗봇, 음성 비서 및 온라인 플랫폼을 통해 연중무휴 24시간 서비스에 액세스하여 대기 시간을 줄이고 효율성을 높일 수 있습니다. AI는 또한 서비스 제공 프로세스를 최적화하여 고객 경험을 향상시킵니다. 챗GPT는 온라인과 오프라인 서비스 소비의 경계가 모호하게 만들고, 브랜드 및 서비스 제공업체는 챗GPT를 활용하여 여러 채널에서 일관되고 효율적이며 개인화된 서비스를 제공할 것입니다. 그 결과 소비자는 웹사이트, 앱, 소셜 미디어 또는 오프라인 상점을 통해 비즈니스와 상호 작용하면서 통합되고 원활한 경험을 즐길 수 있게 됩니다.

3. 서비스 소비 패턴: 챗GPT와 같은 생성형 AI가 서비스를 더 쉽게 접근하고 개인화할 수 있게 되면서 고객의 기대치는 진화할 것입니다. 소비자는 점점 더 빠르고 효율적이며 맞춤화된 서비스를 기대하여 보다 습관적이고 통합된 서비스 소비로 이어질 것입니다. 소비자는 집에서나 이동 중에도 예약부터 문의 해결에 이르기까지 24시간 즉시 지원되는 고급 서비스를 즐길 것입다. 챗GPT의 알고리즘이 고급화될수록 초개인화된 경험을 가능하게 함에 따라 일반적이고 모든 것에 적용되는 서비스의 시대는 사라집니다. 소비자는 맞춤형 식사 계획 및 피트니스 체계에서 맞춤형 쇼핑 추천에 이르기까

지 자신의 고유한 선호도와 요구 사항에 맞는 서비스를 받을 수 있는 데 환호할 것입니다. 챗GPT의 출현으로 소비자는 서비스 소비 경험을 더 잘 통제할 수 있는 권한을 갖게 됩니다. 직관적인 AI 기반 인터페이스를 통해 쉽게 서비스를 비교하고, 자세한 정보에 액세스하고, 실시간 피드백을 제공할 수 있게 됩니다. 이러한 동력 역학의 변화는 더 많은 정보를 얻고 참여하며 만족하는 고객 기반으로 이어집니다.

4. 서비스 스타일: 챗GPT와 같은 생성형 AI는 개인화를 강조하여 서비스 스타일에 영향을 미치므로 기업은 고객을 더 잘 이해하는 데 투자해야 합니다. 인간적 접촉은 여전히 필수적이지만 인간 서비스 제공자의 역할은 공감과 창의성 및 문제 해결에 초점을 맞출 것입니다. 서비스 제공업체는 AI 기술을 효과적으로 활용하기 위해 적응하고 숙련도를 높여 인간과 AI 기반 서비스 간의 협업 문화를 조성해야 합니다. 챗GPT와 같은 생성형 AI는 기업이 대규모 데이터셋을 분석하고 패턴을 식별하여 특정 고객 세그먼트를 더 잘 식별하고 타겟팅하도록 도울 수 있습니다. 이를 통해 기업은 보다 효과적으로 서비스를 마케팅하고 새로운 고객을 확보하며 시장 점유율을 확대할 수 있습니다.

5. 서비스 품질 유지 및 관리: 챗GPT와 같은 생성형 AI

는 데이터 기반 통찰력, 예측 분석 및 실시간 모니터링을 통해 서비스 품질 관리를 개선할 수 있습니다. AI는 고객 행동 및 피드백의 패턴과 추세를 식별함으로써 기업이 서비스 품질을 향상하고 프로세스를 간소화하며 고객의 문제점을 해결하기 위한 새로운 전략을 개발하도록 도울 수 있습니다. 챗GPT와 같은 생성형 AI 기반 시스템은 성능을 지속적으로 모니터링하고 잠재적인 문제를 식별하며 예방 조치를 권장함으로써 서비스 유지 관리를 지원할 수 있습니다. 이로 인해 가동 중지 시간 감소, 비용 절감 및 전반적인 서비스 품질 향상이 가능합니다.

결론적으로 챗GPT와 같은 생성형 AI가 서비스 산업에 도입되면 서비스 산업 전반에 걸쳐 상당한 변화를 가져올 것입니다. 이러한 변화에는 보다 개인화되고 효율적인 서비스, 휴먼 서비스 제공자의 역할 변화, 서비스 품질 관리 개선, 보다 표적화된 마케팅 노력이 포함될 것입니다. 기업은 이러한 변화하는 추세에 적응하고 AI 기술에 투자하여 변화하는 환경에서 경쟁력을 유지해야 합니다."

필자는 위 답변들 중에서 첫 번째 영역(서비스 제품 유형)에 대해서 자세히 질문했다. "챗GPT와 같은 생성형 AI 기술을 사용하는 유저가 기존의 서비스 유형들을 미래에는 어떻게 바꾸어 갈 것인가에 대해서 좀 더 자세하게 예측하라." 그러자 챗GPT는 서슴없이 다음과 같은 다양한 실례를 들어가면서 서비스 산업의 미래 변화를 예측했다.

"챗GPT와 같은 생성형 AI가 서비스 산업에 통합되면 서비스 제품 유형이 더욱 다양화될 것입니다. 다음은 몇 가지 잠재적인 변경 사항입니다.

1. 초개인화: 생성형 AI 시스템이 더욱 발전함에 따라 서비스 제공업체는 개별 고객의 요구와 선호도를 충족하는 초개인화된 솔루션을 제공할 수 있습니다. 개인화된 피트니스 계획에서 맞춤형 재무 조언에 이르기까지 생성형 AI를 통해 각 고객에게 고유한 서비스 경험을 제공할 수 있습니다.
2. 생성형 AI 강화 서비스: 생성형 AI를 다양한 서비스에 통합하면 새로운 AI 강화 서비스가 제공될 것입니다. 예를 들어 생성형 AI 기반 가상 도우미는 세금 준비 또는 법률 자문과 같은 복잡한 프로세스를 통해 고객을 안내할 수 있으며

다른 AI 기반 분석 도구와 협업하여 기업이 운영을 최적화하고 보다 효율적인 서비스를 제공하도록 도울 수 있습니다.

3. 주문형 서비스: 생성형 AI는 운송 및 배송에서 개인 관리 및 엔터테인먼트에 이르기까지 다양한 산업 전반에 걸쳐 주문형 서비스의 성장을 촉진할 것입니다. 생성형 AI는 고객의 요구 사항을 분석하고 사용 가능한 리소스를 효율적으로 일치시킬 수 있습니다. 이를 통해 기업이 고객이 원하는 시간과 장소에서 보다 편리한 서비스를 제공할 수 있도록 합니다.

4. 몰입형 경험(Immersive Experience): 생성형 AI는 다른 발전된 AI 기술과 결합하여, 사용자의 생각과 기호에 맞는 몰입감 있고 매력적인 서비스 경험을 만들 것입니다. 예를 들어 생성형 AI가 다른 AI 기반 가상현실(VR) 및 증강현실(AR) 애플리케이션과 결합되면, 고객이 가장 원하는 가상 여행 투어, 제품 시연 또는 교육 프로그램 등에서 고도의 상호작용 및 초개인화된 경험을 제공할 수 있습니다.

5. 사전 예방적 서비스: 생성형 AI 기반 예측 분석을 통해 서비스 공급자는 사전 예방적 솔루션을 제공할 수 있습니다. 예를 들어 의료 제공자는 생성형 AI를 사용하여 환자 데이터를 분석하고 질병의 조기 경고 징후를 식별하여 적시에 개입

하고 예방 치료를 지속적으로 제공하고 유지할 수 있습니다.
6. 협업 서비스: 생성형 AI는 여러 서비스 제공업체가 협력하여 고객에게 통합 솔루션을 제공하는 협업 서비스 개발을 촉진할 수 있습니다. 예를 들어 여행 계획 서비스는 호텔, 항공사 및 지역 여행사와 협력하여 고객을 위한 종합적이고 개인화된 여행 패키지를 만들 수 있습니다.
7. 윤리적이고 지속 가능한 서비스: 소비자가 자신의 선택이 윤리적·환경적 영향을 더 잘 인식하게 됨에 따라 생성형 AI는 기업이 보다 윤리적이고 지속 가능한 서비스를 개발하고 제공하도록 도울 수 있습니다. 예를 들어 생성형 AI 기반 공급망 최적화는 기업이 폐기물과 탄소 배출을 줄이는 데 도움이 될 수 있으며 다른 AI 기반 분석 기술과 결합하여 서비스 제공에서 잠재적인 윤리적 문제를 식별하고 완화하는 데 도움이 될 수 있습니다.
8. 구독 기반 서비스: 생성형 AI는 기업이 구독 기반 서비스를 설계하고 관리하는 데 도움을 줄 수 있습니다. 엔터테인먼트 및 피트니스에서 개인 개발 및 전문 서비스에 이르기까지 구독 기반 제품을 1:1 맞춤형 서비스로 최적화하여 지속적인 가치와 편의성을 제공할 수 있습니다.

결론적으로 챗GPT와 같은 생성 AI가 서비스 산업에 통합되면 서비스 제품 유형이 더욱 다양해지고 진화하는 고객의 요구와 개인적 선호도에 맞춤형으로 부응할 것입니다. 이러한 변화는 서비스 환경을 변화시킬 뿐만 아니라 기업이 경쟁업체와 차별화하고 혁신할 수 있는 새로운 기회를 제공합니다."

필자는 챗GPT에게 위에서 예측한 항목들이 와닿도록 '이야기를 구성해서 시나리오 형식'으로 재구성해 달라고 했다. 특히 소설 형식이면 더 좋겠다고 부탁했다. 그러자 챗GPT는 능숙한 작가처럼 챗GPT로 인해 변화된 서비스업을 중심으로 미래의 모습을 아래처럼 구성해주었다.

제목: AI 혁명

1장: 환상가

유리벽으로 된 세련된 회의실에서 큰 테이블 주위에 야심찬 기업가들이 모여 세상을 바꾸고 싶어 했습니다. 선견지명이 있는 Alex가 이끄는 그들은 서비스 산업을 혁신하기 위해 인공지능의 힘을 활용하는 비즈니스를 만드는 임무를 수행했습니다.

활기차고 재치 있는 팀원인 Lucy는 초개인화라는 대담한 아이디어를 제안했습니다. 각 고객의 선호도에 맞는 고유한 경험을 생성함으로써 진정으로 혁신적인 것을 제공할 수 있습니다. 다른 사람들은 AI 기반 피트니스 트레이너가 맞춤형 운동을 제공하고 실시간으로 고객에게 동기를 부여하고 안내하는 세상을 상상했습니다.

이 그룹의 기술에 정통한 전략가인 James는 생성형 AI 강화 서비스에 집중할 것을 제안했습니다. 그는 세무 준비와 같은 복잡한 작업을 통해 고객을 안내하고 명확한 단계별 지침을 제공하는 생성형 AI 기반 가상 도우미를 구상했습니다. Tim은 고객이 생성형 AI 기반 솔루션 덕분에 한때 어려웠던 작업을 쉽게 탐색하는 것을 상상했습니다.

꼼꼼한 기획자인 Karen은 온디맨드 서비스의 가능성을 보았습니다. 고객의 요구 사항과 사용 가능한 리소스를 효율적으로 일치시켜 비교할 수 없는 편의성을 제공할 수 있습니다. 기업가들은 생성형 AI가 다른 AI 기술들과 연동되어 구동되는 드론이 눈 깜짝할 사이에 고객의 문 앞에 막바지 선물을 배달할 수 있는 미래를 구상했습니다.

아이디어가 구체화되면서 Alex는 몰입형 경험을 만들기 위해 가상 및 증강 현실의 세계를 탐험할 것을 제안했습니다. 그들은 고객이 VR 고글을 착용하고 챗GPT 같은 생성형 AI 기반 여행 가이드가 이끄는 이국적인 목적지의 숨 막히는 가상 여행을 시작하는 것을 상상했습니다.

Lucy의 마음은 예방 및 선제적 서비스의 가능성과 경쟁했습니다. 예측 분석을 사용하여 질병의 조기 경고 징후를 식별하여 의사가 시기적절한 개입과 치료를 제공할 수 있습니다. 그들은 생성형 AI 기반 의료 서비스가 생명을 구하고 전반적인 웰빙을 개선할 수 있는 세상을 상상했습니다.

James는 통합 솔루션을 제공하기 위해 여러 서비스 제공업체가 힘을 합쳐 협업의 가능성을 보았습니다. 그는 고객을 위한 포괄적이고 개인화된 여행 패키지를 만들기 위해 호텔, 항공사 및 현지 여행사와 원활하게 협력하는 여행사를 상상했습니다. 항상 주변 세상을 의식하는 Karen은 그들이 윤리적이고 지속 가능한 서비스에 집중할 것을 제안했습니다. 환경을 생각하는 소비자에게 어필함으로써 긍정적인 영향을 미칠 수 있습니다. Tim은 고객이 친환경 제품을 선택하는 데 도움을 주고 각 품목의 지속 가능한 관행을 설명하는 생성형

AI 기반 쇼핑 도우미를 상상했습니다.

3장: 미래가 손짓한다

마지막으로 Alex는 고객에게 지속적인 가치를 제공하는 구독 기반 서비스 제공을 제안했습니다. 이 그룹은 AI로 선별된 엔터테인먼트 구독 서비스에서 영화를 스트리밍하고 영화의 밤을 즐기는 가족을 상상했습니다. 아이디어가 구체화되자 창업가들은 들뜬 마음과 기대감에 휩싸였다. 그들은 서비스 산업에 혁명을 일으키기 위해 인공지능의 힘을 활용하는 특별한 무언가를 창조하기 직전이라는 것을 알고 있었습니다. 회의실을 나서면서 그들의 비전을 실현하겠다는 결의는 더욱 강해졌습니다. 그들은 세상이 AI 혁명을 기다리고 있다는 것을 알고 그것을 제공할 준비가 되어 있었습니다.

끝

필자는 챗GPT로 인해서 변화될 '서비스 제공 방식'에 대해서도 서비스 품질에 매우 민감한 남자를 상대해야 하는 음식점 사장을 주인공으로 하여 시나리오 형식으로 재구성해 달라고 요청했다. 그러자 챗GPT는 곧바로 필자의 의견을 반영해서 이야기를 만들어주었다.

제목: Culinary Harmony: Chef Michael's Bistro에서 챗GPT와 함께하는 하루

1장: 개인화된 서비스의 기술

분주한 도시의 음식점 비스트로의 자랑스러운 오너 셰프 마이클은 가장 까다로운 입맛과 까다로운 요구 사항을 가진 고객에게 음식을 제공해야 하는 매일의 도전에 직면했습니다. 그의 혁신적인 AI 언어 모델 비서인 챗GPT의 도움으로 마이클은 가장 특별한 고객을 위한 탁월한 식사 경험을 만들기 시작했습니다.

2장: 환영

먼저 오너 셰프 마이클은 챗GPT의 고급 알고리즘을 활용하여 예약한 고객의 선호도, 습관 및 요청을 분석했습니다. 이는 맞춤형 경험을 제공하기 위한 준비 작업입니다. 손님이 비스트로에 도착하면 챗GPT의 AI 기반 예약 시스템이 손님의 이름을 불러 인사하고 선호하는 좌석으로 안내합니다. 시스템은 이미 그들의 식사 이력, 선호도 및 식단 제한을 분석하여 웨이터가 손님이 레스토랑에 들어오는 순간부터 개인화된 관심을 제공할 수 있도록 했습니다.

3장: 메뉴 선택의 기술

자리에 앉으면 비스트로에 최적화된 챗GPT가 음식 선호도, 식단 요구 사항 및 특별 요청을 고려하여 각 손님의 입맛에 맞는 요리를 추천합니다. 이 AI 기반 가이드는 메뉴 선택 과정을 수월하게 만들어 고객이 식사 경험을 즐기는 데 집중할 수 있도록 합니다. 하지만 공감과 창의성의 중요성을 이해한 마이클은 인간 종업원과 챗GPT의 능력이 고객 서비스 경험에 통합되도록 노력했습니다. 챗GPT가 고객의 특성을 파악하여 인간 종업원에게 조언하면, 인간 종업원은 손님과 진정한 관계를 구축하는 데 집중하여 음식 메뉴의 최종 선택과정에서 따뜻함과 이해심을 보여주었습니다.

4장: 풍미의 교향곡

주방에서 오너 셰프 마이클과 챗GPT는 각 손님의 특정 요구 사항을 충족할 수 있는 재료 조합과 요리 기술을 제안하여 걸작 요리를 만들기 위해 협력했습니다. 이 조화로운 파트너십은 가장 까다로운 식욕도 만족시키면서 감각을 즐겁게 하는 요리를 탄생시켰습니다.

5장: 원활한 서비스 및 프레젠테이션

챗GPT의 실시간 피드백 및 안내를 통해 인간 종업원은 각 요리가 정확하고 우아하게 제공되도록 했으며 플레이팅, 크기 및 타이밍에 대한 각 손님의 개인적인 선호도에 부응했습니다. 손님이 식사를 즐기면서 챗GPT가 제공하는 통찰력을 통해 직원은 추가 요구 사항이나 요청을 예상하고 처리할 수 있습니다. 챗GPT를 음식 서비스 품질 관리에 통합해도 인적 전문성의 중요성은 줄어들지 않았습니다. 대신 인간 팀 구성원이 공감, 창의성 및 관계 구축에 집중하는 동안 AI가 데이터 분석 및 패턴 인식을 처리하여 인간-AI 시너지의 새로운 시대를 열었습니다. 이 협업은 기업이 서비스의 기술 및 인적 측면 모두에서 탁월함을 추구함에 따라 서비스 품질 관리를 새로운 차원으로 끌어올렸습니다.

6장: 지불과 이별의 기술

식사가 끝나면 챗GPT는 원활한 결제 처리를 촉진하고 각 고객이 선호하는 방법을 수용하며 맞춤형 제안 또는 충성도 보상을 제공합니다. AI 시스템은 또한 식사 경험에 대한 피드백을 수집하여 마이클 셰프와 그의 팀이 지속적으로 개선하고 제품을 개선할 수 있도록 했습니다.

7장: 지속적인 인상

챗GPT의 도움으로 비스트로는 방문 후 각 손님에게 후속 메시지를 보내 그들의 후원에 감사하고 향후 방문을 위한 개인화된 인센티브를 제공했습니다. 이러한 사려 깊은 태도는 고객 관리 및 서비스 품질에 대한 레스토랑의 신념을 강화하여 고객 충성도를 높이고 가장 까다로운 고객에게 가치를 인정받았습니다. 챗GPT는 방문했던 손님에게 맞는 음식의 영양정보도 분석하여 제공했습니다. 이를 통해 고객에게 보다 건강한 식습관을 유도할 수 있었으며 고객의 건강을 책임지는 기업 이미지를 형성할 수 있었습니다. 마지막으로 챗GPT는 식당에 방문했던 고객들을 계속 분석하여 음식 서비스 품질 관리에서도 개인화 표준을 재정해주었습니다. 챗GPT가 음식 서비스 품질 관리 및 개선을 혁신함에 따라 고객 만족도와 충성도가 향상되었고, 이런 변화가 입소문 추천으로 이어져 추가 고객 유치로도 이어졌습니다.

챗GPT,
마침내 찾아온 특이점

2007년 1월 9일 캘리포니아 샌프란시스코 맥월드Macworld 컨벤션, 스티브 잡스는 "때때로 모든 것을 바꾸는 혁신적인 제품이 나온다(Every once in a while, a revolutionary product comes along that changes everything)."라는 말을 했다. 그리고 손을 번쩍 들어서 아이폰iPhone이라는 새로운 제품을 소개했다. 아이폰의 등장은 전 세계가 모바일 시대로 전환되는 것을 알리는 신호탄이었다. 그리고 아이폰은 버전을 업그레이드할 때마다 사람과 사람 간의 상호 작용 방식에 혁명을 일으켰다.

챗GPT는 스티브 잡스의 아이폰 혁명과 비교된다. 챗GPT는 인간이 인공지능 알고리즘과 본격적인 협업을 하는 시대로의 전환을 알리는 신호탄이다. 2016년 3월, 구글 딥마인드의 알파고가 바둑계에서 인간 최고 기사로 평가받던 이세돌을 이겼던 사건은 인공지능이 인간을 넘어설 수 있다는 가능성을 시사했다.

챗GPT는 일반인이 일상에서 인공지능을 직접 체감할 수 있는 시작점이라 할 수 있다. 필자는 챗GPT가 버전을 업그레이드할 때마다 인간의 생활방식, 일하는 방식, 지식을 습득하고 사용하는 방식 등 우리의 일상을 전부에 대변혁을 일으킬 것이라고 예측한다. 필자는 챗GPT4에게 다음과 같은 질문을 했다. "챗GTP로 회사에서 일하는 방식이 바뀌는 것에 대해서 50개씩의 실례를 알려줘." 챗GPT가 내놓은 대답은 아래와 같았다. 이에 필자는 챗GPT가 할 수 있는 일이 이 정도라는 데 새삼 놀랐다.

"챗GPT가 회사에서 일하는 방식을 어떻게 바꾸는지 보여주는 50가지 예는 다음과 같습니다.

회의 예약, 문서 정리 및 이메일 응답과 같은 작업을 지원할 수 있습니다. 고객 서비스 문의를 간소화하고 자동 응답을 제공할 수 있습니다. 데이터를 분석하고 비즈니스 의사 결정에 대한 통찰력을 제공할 수 있습니다. 반복적인 작업을 자동화하여 직원들이 보다 전략적인 작업에 집중할 수 있도록 합니다.

언어 번역을 지원하여 더 넓은 범위의 클라이언트 및 파트너와의 커뮤니케이션을 가능하게 합니다. 소셜 미디어 트렌드를 분석하고 마케팅 및 광고 캠페인에 대한 통찰력을 제공할 수 있습니다. 가상 및 원격 협업을 지원하여 팀이 서로 다른 위치에서 함께 작업할 수 있도록 합니다.

과학적 데이터 분석이나 신제품 설계와 같은 연구 개발에 도움을 줄 수 있습니다. 신입 사원 온보딩 및 복리후생 관련 질문 답변과 같은 HR 업무를 지원할 수 있습니다. 작업 목록 생성 및 진행 상황 모니터링과 같은 프로젝트 관리에 도움을 줄 수 있습니다.

재무 데이터 분석 및 보고서 작성과 같은 재무 및 회계 작업을 지원할 수 있습니다. 소모품 추적 및 새 자재 주문과 같은 재고 관리를 도울 수 있습니다. 직원을 위한 맞춤형 교육 및 개발 리소스를 제공할 수 있습니다. 법률 조사 및 문서 분석을 지원할 수 있습니다. 챗봇 및 자동 도우미 생성과 같은 웹사이트 및 앱 개발을 도울 수 있습니다. 기사 작성이나 그래픽 디자인과 같은 콘텐츠 제작을 지원할 수 있습니다. 잠재적 위협 식별 및 보호 조치 구현과 같은 사이버 보안을 도울 수 있습니다.

배송 추적 및 물류 관리와 같은 공급망 관리를 지원할 수 있습니다. 제품 테스트 및 고객 피드백 분석과 같은 품질 보증에 도움을 줄 수 있습니다. 프로젝트 예산 및 비용 분석을 지원할 수 있습니다. 기술적 문제 해결 및 솔루션 제공과 같은 IT 지원을 도울 수 있습니다. 리드 추적 및 연락처 관리와 같은 영업 및 고객 관계 관리를 지원할 수 있습니다.

시장 동향을 분석하고 제품 개발에 대한 통찰력을 제공할 수 있습니다. 성과 평가 및 피드백을 지원할 수 있습니다. 직원 참여 및 유지 노력에 도움이 될 수 있습니다. 이벤트 계획 및 관리를 지원할 수 있습니다. 위기 관리 및 비상 대응에 도움을 줄 수 있습니다. 인재 확보 및 채용 노력을 지원할 수 있습니다. 프로젝트 위험 분석 및 완화에 도움을 줄 수 있습니다. 규정 준수 및 보고를 지원할 수 있습니다.

해관계자 커뮤니케이션 및 참여를 도울 수 있습니다. 공급업체 및 공급업체 관리를 지원할 수 있습니다. 고객 유지 및 충성도 노력에 도움이 될 수 있습니다. 시설 관리 및 유지 보수를 지원할 수 있습니다. 환경 지속 가능성 노력을 도울 수 있습니다. 비영리 및 사회적 영향 이니셔티브를 지원할 수 있습니다. 제품 및 브랜드 평판 관리에 도움을 줄 수 있습니다. 팀 구성 및 협업 노력을 지원할 수 있습니다.
직원 건강 및 정신 건강 이니셔티브를 도울 수 있습니다. 다양성, 평등 및 포용 노력을 지원할 수 있습니다. 직장 안전 및 위험 관리에 도움을 줄 수 있습니다. 데이터 프라이버시 및 보안 조치를 지원할 수 있습니다. 마케팅 분석 및 측정에 도움을 줄 수 있습니다. 온라인 광고 및 캠페인 생성 및 관리를 지원할 수 있습니다. 마케팅 활동을 위해 특정 청중을 식별하고 타겟팅하는 데 도움을 줄 수 있습니다. 소셜 미디어 콘텐츠 생성 및 관리를 지원할 수 있습니다. 소셜 미디어 인플루언서 및 트렌드를 식별하고 분석하는 데 도움을 줄 수 있습니다. 이메일 마케팅 캠페인 생성 및 관리를 지원할 수 있습니다. 웹사이트 트래픽과 사용자 행동을 식별하고 분석하는 데 도움을 줄 수 있습니다. SEO 전략 및 전술을 만들고 관리하는 데 도움을 줄 수 있습니다."

2023년 2월 14일, 샌프란시스코에서 'GenAI 콘퍼런스'라는 세계 최초로 생성형 인공지능(AI) 전문 컨퍼런스가 열렸다. 1,200명이 모인 이 행사에서 연사로 나선 스태빌리티AI CEO인 에마드 모스타크는 인공지능이 이끌고 있는 혁신이 마치 '시간을 뛰어넘는 것'처럼 빠르게 진행된다고 평가했다. 그는 "몇 년 안에 글, 이미지, 영상, 코드를 만들어내는 생성형 AI 분야에 1,000억 달러, 어쩌면 1조 달러(약 1,320조 원)의 투자금이 모일 것이라고 봅니다."라고도 했다.*

필자는 인공지능 기술과 응용 서비스에 마침내 특이점이 찾아왔다고 평가한다. 필자가 챗GPT에게 "너의 출현이 인공지능 기술과 서비스가 도약하는 특이점 사건이라고 할 만해!"라고 했더니, 이렇게 겸손한 말을 했다. "챗GPT는 특이점 이벤트가 아니라 인공지능 기술 및 서비스의 지속적인 개발의 일부입니다. 특이점은 인공지능이 인간의 지능을 능가하고 기하급수적으로 향상되기 시작하여 전례 없는 기술 발전과 사회 변화를 초래하는 가상의 사건입니다. 챗GPT는 인상적인 고급 AI 언어 모델이지만 자체적으로 특이점을 달성할 수는 없습니다. 그러나 챗GPT 및 기타 AI 기술은 기계 학습, 자연어 처리 및 기타 분야의 급속한 발전에 기여하고 있으며 이는 잠재적으로 미래 사회에 중대한 변화를 가져올 수 있습니다."

그리고 챗GPT는 특이점에 대해서 다음과 같이 설명해주었다.

"특이점은 인공지능이 인간의 지능을 능가하고 기하급수적으로 향상되기 시작하여 전례 없는 기술 발전과 사회 변화를

* 신동아, 2023.03.23. 박원익, "생성 AI, '모든' 업무 부조종사 노릇 한다, 곧!"

초래하는 가상의 사건을 말합니다. 특이점의 개념은 1993년 수학자이자 컴퓨터 과학자인 Vernor Vinge가 처음 소개했으며 미래학자이자 발명가인 Ray Kurzweil이 2005년 저서 『The Singularity is Near』에서 대중화했습니다.
특이점의 이면에 있는 아이디어는 인공지능이 스스로 개선할 수 있게 되면 모든 면에서 인간보다 더 똑똑해지도록 빠르게 진화한다는 것입니다. 이것은 기계가 훨씬 더 진보된 기계를 설계하고 제작할 수 있기 때문에 기술 진보와 사회 변화의 급속한 가속으로 이어져 자체 강화 피드백 루프로 이어질 것입니다.
일부 전문가들은 특이점이 향후 수십 년 동안 실제로 발생할 가능성이 있다고 믿는 반면 다른 전문가들은 더 회의적입니다. 어떤 이들은 특이점이 현실이 되기 전에 극복해야 할 중요한 기술적·윤리적 문제가 있다고 주장합니다. 그럼에도 불구하고 특이점이라는 개념은 많은 사람들의 상상력을 사로잡았고 SF와 대중문화에서 대중적인 주제가 되었습니다."

특이점은 인공지능이 인간의 지능의 수준을 넘어 기하급수적으로 성능이 향상되면서 역사상 전례 없는 기술 발전과 사회 변화가 일어나는 시점을 가리킨다. 많은 사람이 '특이점[singularity]'이라는 단어에 매료를 느끼지만, 그런 미래는 '아주 먼 미래'라고 생각한다. 최소한 '내 시대에서는 일어나지 않을 일'이라고 생각한다. 하지만 챗GPT가 할 수 있는 일들을 읽는 순간 생각이 바뀔 것이다.

2023년 3월 21일, 개인용 컴퓨터 시대를 열었고 1990년대 GUI로 OS(운영체제) 시장을 혁신한 윈도를 개발한 빌 게이츠는 자신의 블로그에 'AI시대가 열렸다'라는 제목의 글을 올렸다. 빌 게이츠는 "(챗GPT 등 생성형AI는) 인생에서 두 번째로 겪는, 1980년 GUI(그래픽사용자인터페이스) 이후 가장 중요한 기술 발전"이고 "AI는 마이크로프로세서와 PC, 인터넷, 휴대전화의 탄생만큼이나 근본적인 것"이라고 평가했다.* 또한 챗GPT와 같은 생성형 AI는 "인간의 일과 교육, 여행, 의료서비스, 소통 등의 방식을 변화시킬 것이다. 기업들도 이 기술의 활용 여부에 따라 차별화될 것"이라고 전망했다.

빌 게이츠는 자신이 2016년 오픈AI와 처음 접촉했을 때를 기억하면서 이렇게 말했다. "지난해 대학 과목 선이수 프로그램AP·AdvancedPlacement중 하나인 생물학이 단순 암기가 아닌 생물학에 대한 비판적인 사고를 필요로 하는 시험이니 AI에 이 과목을 학습시키라고 오픈AI에 요구했다."라고 말하면서, "AI가 AP 생물학을 배

* 디지털타임즈, 2023.03.22. 팽동현, "빌 게이츠 '생성AI, 윈도 이후 최고'… 젠슨 황 '아이폰급 혁신'"

우는 데 몇 년이 걸릴 것으로 생각했으나, AI가 이 과목 시험에서 A학점을 받는 데 불과 몇 달밖에 걸리지 않았다."라며 놀라워했다. 빌 게이츠는 앞으로 자신의 공익재단 '빌앤드멀린다게이츠 재단'을 통해 개발도상국의 의료 서비스 개선, 기후변화 및 교육 등에서 나타나는 글로벌 불평등을 줄이는 사업에도 인공지능 기술을 활용할 계획도 발표했다.*

2023년 3월 24일, 엔비디아 최고경영자 젠슨 황Jensen Huang과 생성형 AI '챗GPT' 개발사인 오픈AI 공동 설립자 일리야 수츠케버Ilya Sutskever가 대담을 했다. 일리야 수츠케버는 "GPT4 추론능력을 정의하기 어려우며 아직 개발단계이다."라고 했다. 하지만 젠슨 황은 "오픈AI는 정말 놀라운 성과를 이뤘다."라며 "박사 학위 수준을 넘어서는 대규모 언어 모델의 최첨단 기술에 대한 최고의 설명 중 하나"라고 평가하면서 "AI의 아이폰 시대가 시작됐다. 생성형AI가 모든 산업을 재창조할 것이다."라고 했다.** 서울대 인공지능연구원 장병탁 교수는 "현재 초거대 AI는 6단계중 3단계 즉 셀프-티칭 시스템 수준에 와 있다."라고 분석했다. 그리고 "AI는 이제 시작으

* 이데일리, 2023.03.22. 김현아, "빌게이츠 '생성형 AI, 1980년이후 가장 중요한 기술진보'"

** 파이낸셜뉴스, 2023.03.24. 김미희, "'AI가 추리소설 범인 맞출 수 있을까'...엔비디아-오픈AI"

로 텍스트, 이미지를 기반으로 발전하고 있지만 사람의 오감에 해당하는 감각을 갖추는 수준까지 올라갈 것"이며, "언젠가는 기계가 인간의 지능을 넘어서는 순간이 올 것이고, 슈퍼휴먼레벨로 발전이 이뤄질 것이다."라고 예측했다.*

*** 전자신문, 2023.03.12. 최호, "챗GPT가 촉발한 초거대AI 경쟁 2라운드, '작지만 강한놈'이 이긴다"

Part 2

챗GPT 없는 일상을 상상할 수 없게 될 것

챗GPT가 예측한 '챗GPT로 바뀐 일상'

산업계 내에서도 챗GPT 같은 생성형 AI가 상업화 단계로 접어들면서 '대전환의 시대'가 도래했다고 평가하고 있다. 그런데도 챗GPT와 '특이점singularity'이라는 단어를 연결시키는 것이 불편한가? 그러면 챗GPT를 '파괴적 혁신destructive innovation'이라는 단어와 연결시키는 것은 어떤가? 챗GPT는 파괴적 혁신을 이렇게 설명했다.

"파괴적 혁신은 클레이튼 크리스텐슨Clayton Christensen이 1997년 저서 『혁신기업의 딜레마The Innovator's Dilemma』에서 기존 제품,

서비스 및 비즈니스를 방해하고 대체하는 혁신 유형을 설명하기 위해 만든 용어입니다. 기존 제품이나 서비스를 개선하는 지속적인 혁신과 달리 파괴적 혁신은 새롭거나 서비스가 부족한 시장 부문에 호소하는 새롭고 종종 열등한 솔루션을 도입합니다. '파괴적'이라는 용어는 반드시 부정적인 영향을 의미하는 것은 아니므로 오해의 소지가 있습니다. 대신, 파괴적인 혁신은 새로운 기회를 창출하고 기존 기업에 도전함으로써 사회에 도움이 될 수 있습니다.

그러나 새로운 시장 역학에 적응하지 못하는 기존 비즈니스에는 파괴적일 수 있습니다. 파괴적 혁신은 일반적으로 새로운 시장 진입자가 기존 솔루션보다 처음에는 열등하지만 시간이 지남에 따라 빠르게 개선되는 제품이나 서비스를 도입하는 패턴을 따릅니다. 이 새로운 진입자는 시장을 혼란에 빠뜨리고 시장 점유율을 얻습니다. 종종 변화하는 시장 조건에 충분히 신속하게 대응할 수 없는 기존 업체를 희생합니다.

파괴적인 혁신의 예로는 전통적인 영화 사진 산업을 혼란에 빠뜨린 디지털 사진의 도입과 택시 산업을 혼란시킨 승차 공유 서비스의 부상이 있습니다. 파괴적인 혁신은 종종 비즈니스 모델과 운영에 상당한 변화를 요구하기 때문에 기존 비즈니스가 예상하고 대응하기 어려울 수 있습니다. 그러나 적응하고 혁신할 수 있는 기업은 파괴적 혁신이 창출하는 새로운 기회를 활용할 수도 있습니다."

필자는 다시 챗GPT에게 "너는 파괴적 혁신 기술이니?"라고 물었다. 대답은 "그렇습니다."였다.

챗GPT의 파괴적 혁신이 광범위하게 일어나는 영역이 있다. 프로그래밍 분야다. 2023년 3월 21일, 게임 개발 정보를 제공하면서 유명해진 '게임프롬스크래치'라는 커뮤니티에서 챗GPT를 유니티 엔진에 적용하는 방식에 대해 소개하는 내용을 담은 '챗GPT in Unity is INSANE!'라는 제목의 유튜브 영상을 공개했다.

지금 게임업계에서 챗GPT와 같은 생성형 인공지능(AI) 발전에 가속도가 붙었고, 머지않은 시간에 생성형 AI를 어떻게 활용하느냐에 따라서 게임 개발의 판도가 바뀔 수 있다고 예측한다. '게임프롬스크래치'가 공개한 영상을 보면, 유니티에 챗GPT를 사용하는 게임 제작자가 임의 지점에 '100개의 큐브를 만들어줘.' 등의 명령어를 입력하면 챗GPT가 무작위로 100개의 정육면체 오브젝트를 만들고, 이후 X·Y축을 조정하는 등 세부 과정도 챗GPT를 사용해서 작성한다. 인간 제작자는 "솔직히 말해 기대 이상으로 훌륭하다는 느낌을 받았다."라고 평가했다.

그뿐만 아니다. 에픽게임즈가 제작한 게임엔진 언리얼엔진에는 조명을 배치하고, 조명 색상을 지정하는 등의 작업에 챗GPT4 기반 제작툴 언리얼GPT가 이미 적용됐다. 개발자들 사이에서는 챗GPT를 코딩 전반에 완벽하게 적용하는 데 부족함이 있지만, 챗GPT를 사용해 작업 시간을 유의미하게 단축할 수 있다는 평가가 속속 나온다.*

챗GPT가 발표되기 이전에도 모든 프로그래밍 언어로 만든 코드 중 46%가 인공지능이 담당하고 있다. 예를 들어 자연어를 코드로 번역하는 생성형 AI 시스템 '코덱스[Codex]' 기반으로 작동하는 '코파일럿'이다. 2018년 6월, 마이크로소프트는 '개발자들의 놀이터'로 불리는 소스 코드 공개 저장소 '깃허브'를 75억 달러(약 9조 7,350억 원)에 인수했다. 마이크로소프트는 깃허브 안에 있는 방대한 코드 데이터와 이것을 중심으로 형성된 개발자 네트워크를 확보하려는 목적이었다. 그리고 마이크로소프트는 깃허브와 현재의 챗GPT를 만든 오픈AI를 연결시켰다. 깃허브 전 CEO 냇 프리드먼[Nat Friedman]은 당시의 상황을 이렇게 묘사했다. "2021년 5월 GPT3를 보고 깜짝 놀랐다. 마법처럼 느껴졌다."

오픈AI는 GPT3라는 거대언어모델[LLM]에 깃허브에 있는 엄청난 규모의 코드 데이터를 학습시켰다. 그리고 코드 구문 분석을 기반

---

* ZDNET Korea, 2023.03.24. 강한결, "챗GPT, 유니티에도 적용…게임개발까지 뒤흔들까"

으로 한 코드 자동완성 기능을 갖춘 프로그래밍 특화 인공지능 모델 '코덱스'라는 강력한 생성 AI 프로그래밍 도구를 출시했다. 세계 최초였다.

깃허브 '코파일럿'도 챗GPT처럼 인간의 자연어 명령은 물론이고 대화의 문맥까지 정확히 인식한다. 개발자가 어떤 코드를 만들고 싶은지를 대화체로 말하면, 코파일럿은 방대한 인터넷의 바다와 깃허브에 널려 있는 전문 개발자들이 작성해둔 코드, 주석, 맥락Context을 읽어 필요한 코드를 자동으로 완성해준다. 심지어 전체 함수 테스트, 복잡한 알고리듬 제안까지도 수행한다.* 오픈AI는 2022년 11월에 출시한 챗GPT에 비슷한 기능을 탑재했다. 필자도 다양한 정략적 미래예측을 하는 업무에 챗GPT의 코딩 역량을 자주 사용한다.

챗GPT의 파괴적 혁신이 광범위하게 일어나는 영역이 하나 더 있다. 바로 당신의 일상생활과 아이들의 학교 혹은 학습 현장이다. 필자는 챗GPT4에게 다음과 같은 미래 변화 질문을 했다. "챗GTP로 인간이 가정에서 생활하는 방식이 어떻게 바뀔 것인가? 50개의 실례를 들어서 예측해줘." 챗GPT가 내놓은 대답은 아래와 같았다.

* 신동아, 2023.03.23. 박원익, "생성 AI, '모든' 업무 부조종사 노릇 한다, 곧!"

“챗GPT가 인간이 가정에서 생활하는 방식을 어떻게 바꾸는지 보여주는 50가지 예는 다음과 같습니다.

일정과 할 일 목록을 관리하는 데 도움이 됩니다. 엔터테인먼트 및 레저 활동에 대한 개인화된 추천을 제공할 수 있습니다. 식사 계획 및 식료품 쇼핑을 도울 수 있습니다. 가정 재정 및 예산을 추적하는 데 도움이 됩니다. 가족의 중요한 이벤트 및 약속에 대한 알림을 제공할 수 있습니다. 집안일과 청소 작업을 관리하는 데 도움을 줄 수 있습니다. 가정 보안 및 감시에 도움을 줄 수 있습니다. 날씨 업데이트 및 알림을 제공할 수 있습니다. 가족이 건강 및 피트니스 목표를 달성하는 데 도움을 줄 수 있습니다. 맞춤형 뉴스 업데이트 및 헤드라인을 제공할 수 있습니다.

가족 여행 계획 및 예약에 도움을 줄 수 있습니다. 새로운 기술이나 언어를 배우는 데 도움이 될 수 있습니다. 가정에서 일어나는 일상 업무를 위한 가상 도우미를 제공할 수 있습니다. 애완동물 관리 및 관리에 도움을 줄 수 있습니다. 지역 서비스 및 전문가를 찾고 예약하는 데 도움을 줄 수 있습니다. 홈 자동화 및 스마트 홈 기술을 지원합니다. 맞춤형 패션 및 스타일 추천을 제공할 수 있습니다. DIY 프로젝트 및 주택 개조에 도움을 줄 수 있습니다. 맞춤형 도서 및 영화 추천을 제공할 수 있습니다.

온라인에서 제품을 찾고 구매하는 데 도움을 줄 수 있습니다. 맞춤형 피트니스 및 웰빙 계획을 제공할 수 있습니다. 가상 정신 건강 상담 및 지원을 제공할 수 있습니다. 가족의 관계와 사회생활을 관리하는 데 도움을 줄 수 있습니다. 부부 간의 맞춤형 데이트 및 관계 조언을 제공할 수 있습니다. 가상 쇼핑 및 브라우징을 지원합니다. 다양한 구독 서비스 및 멤버십을 관리하는 데 도움이 될 수 있습니다. 맞춤형 홈 데코 추천을 제공할 수 있습니다. 정원 가꾸기와 야외 생활을 도와줄 수 있습니다. 온라인 커뮤니티를 찾고 참여하는 데 도움을 줄 수 있습니다.

맞춤형 재정 계획 및 조언을 제공할 수 있습니다. 주택 개조 및 리모델링을 도울 수 있습니다. 이벤트와 파티를 계획하고 조직하는 데 도움을 줄 수 있습니다. 맞춤형 여행 일정 및 추천을 제공할 수 있습니다. 자동차 정비 및 관리에 도움을 줄 수 있습니다. 현지 경험과 활동을 찾고 예약하는 데 도움을 줄 수 있습니다. 홈 엔터테인먼트 및 게임을 지원합니다. 맞춤형 뷰티 및 스킨케어 추천을 제공할 수 있습니다. 에너지 소비 및 청구서를 관리하는 데 도움이 됩니다. 개인 및 직업 개발에 도움을 줄 수 있습니다.

맞춤형 집 청소 및 관리 일정을 제공할 수 있습니다. 최신 기술과 가젯을 최신 상태로 유지하는 데 도움이 될 수 있습니다. 지속 가능한 생활 관행을 찾고 채택하는 데 도움을 줄 수 있습니다. 맞춤형 마음챙김 및 명상 연습을 제공할 수 있습니다. 가족 휴가 및 활동을 계획하고 예약하는 데 도움을 줄 수 있습니다. 보육 서비스를 찾고 예약하는 데 도움을 줄 수 있습니다. 맞춤형 홈 엔터테인먼트 및 스트리밍 추천을 제공할 수 있습니다. 화상 통화와 메시지를 통해 사랑하는 사람들과 계속 연락할 수 있도록 도와줍니다. 온라인 학습 및 교육 기회를 찾고 참여하는 데 도움을 줄 수 있습니다."

필자는 챗GPT4에게 아이들의 학교 수업에도 어떤 변화가 일어날지에 대해서 질문했다. "챗GTP로 아이들의 학교에서 수업하는 방식이 어떻게 바뀔까? 50개의 실례를 들어서 예측해줘." 챗GPT가 내놓은 대답은 아래와 같았다.

"챗GPT가 학교에서 수업하는 방식이 어떻게 바꿀 수 있는지를 보여주는 50가지 예는 다음과 같습니다.

다양한 학습 스타일과 능력을 가진 학생들에게 맞춤형 튜터링과 지원을 제공할 수 있습니다. 가상 교실 관리를 지원하여 교사가 학생의 진행 상황과 참여를 모니터링할 수 있도록 합니다. 과제 및 시험에 대한 자동 피드백 및 채점을 제공하여 보다 효과적인 평가를 가능하게 합니다. 가상 교육 및 학습을 지원하여 보다 포괄적인 교육을 가능하게 합니다. 다양한 관심사와 목표를 가진 학생들을 위해 개인화된 학습 계획과 리소스를 제공할 수 있습니다. 가상 근무 시간 및 학생 지원을 지원하여 보다 접근하기 쉬운 커뮤니케이션 및 지원을 가능하게 합니다. 학습 습관과 기법에 대한 자동 추천을 제공하여 보다 효과적인 학습을 가능하게 합니다. 가상 그룹 프로젝트 및 협업을 지원하여 보다 효과적인 팀워크를 가능하게 합니다. 다양한 배경과 경험을 가진 학생들에게 맞춤형 피드백과 지원을 제공할 수 있습니다. 온라인 조사 및 정보 수집을 지원하여 보다 효과적인 학습을 가능하게 합니다.

교과과정 선택 및 일정에 대한 자동 추천을 제공하여 보다 효율적이고 효과적인 계획을 가능하게 합니다. 가상 진로 상담 및 안내를 지원하여 보다 포괄적인 학습 및 경력 개발을 가능하게 합니다. 필요와 능력이 다른 학생들에게 개인화된 학습 목표와 목표를 제공할 수 있습니다. 온라인 과정 설계 및 개발을 지원하여 보다 포괄적인 교육을 가능하게 합니다. 중요한 날짜와 마감일에 대한 자동 알림을 제공하여 보다 효과적인 학습을 가능하게 합니다. 가상 테스트 및 평가를 지원하여 보다 포괄적인 평가를 가능하게 합니다. 다양한 학습 문제가 있는 학생들을 위해 개인화된 학습 리소스 및 권장 사항을 제공할 수 있습니다. 가상 언어 학습 및 연습을 지원하여 보다 포괄적인 언어 교육을 가능하게 합니다. 온라인 토론과 토론을 위한 자동화된 피드백과 평가를 제공하여 보다 효과적인 커뮤니케이션과 비판적 사고를 가능하게 합니다. 가상 스터디 그룹과 동료 지원을 지원하여 보다 효과적인 학습을 가능하게 합니다.

학교와 관련된 정신 건강 문제가 있는 학생들에게 맞춤형 피드백과 지원을 제공할 수 있습니다. 가상 인턴십 및 업무 기반 학습을 지원하여 보다 포괄적인 경력 개발 기회를 제공할 수 있습니다. 부모와 보호자를 위한 자동화된 진행 보고서 및 업데이트를 제공하여 보다 효과적인 참여를 가능하게 합니다. 온라인 학생 주도 프로젝트 및 이니셔티브를 지원하여 보다 효과적인 리더십과 협업을 가능하게 합니다. 다양한 문화적 배경과 경험을 가진 학생들에게 맞춤형 피드백과 지원을 제공할 수 있습니다. 가상 박물관 방문 및 문화 체험을 지원하여 보다 포괄적인 학습 기회를 제공할 수 있습니다. 복잡한 텍스트의 자동 요약 및 합성을 제공하여 보다 효과적인 이해 및 분석을 가능하게 합니다. 가상 예술 및 음악 교육을 지원하여 보다 포괄적인 창의적 학습 기회를 제공할 수 있습니다. 관심 또는 집중과 관련된 학습 문제가 있는 학생들에게 개인화된 피드백 및 지원을 제공할 수 있습니다. 온라인 과학 실험 및 시뮬레이션을 지원하여 보다 효과적인 실습 학습을 가능하게 합니다.

과외 활동 및 강화 기회에 대한 자동화된 권장 사항을 제공하여 보다 효과적인 탐색 및 학습을 가능하게 합니다. 가상 견학 및 야외 교육을 지원하여 보다 포괄적인 학습 경험을 제공할 수 있습니다. 신체 장애나 거동이 불편한 학생들에게 맞춤형 피드백과 지원을 제공할 수 있습니다. 가상 토론 및 논쟁 연습을 지원하여 보다 효과적인 의사소통 및 중요한 비판을 가능하게 합니다. 대학 및 직업 계획을 위한 자동화된 권장 사항을 제공하여 보다 효과적인 전환 계획을 가능하게 합니다. 가상 코딩 및 컴퓨터 과학 교육을 지원하여 보다 포괄적인 기술 학습 기회를 제공할 수 있습니다. 학교와 관련된 정서적 또는 행동적 문제가 있는 학생들에게 맞춤형 피드백과 지원을 제공할 수 있습니다. 가상 역사 시뮬레이션 및 롤 플레잉 활동을 지원하여 보다 몰입적이고 매력적인 학습 경험을 가능하게 합니다. 학습 앱 및 플랫폼에 대한 자동화된 권장 사항을 제공하여 보다 효율적이고 효과적인 학습 기술 채택을 가능하게 합니다. 온라인 대중 연설 및 커뮤니케이션 기술 교육을 지원하여 보다 포괄적인 기술 구축 기회를 제공할 수 있습니다.

다양한 진로 목표와 열망을 가진 학생들에게 개인화된 피드백과 지원을 제공할 수 있습니다. 가상 금융 이해력 교육을 지원하여 보다 포괄적인 금융 교육 및 계획을 가능하게 합니다. 온라인 학습 리소스 및 커뮤니티에 대한 자동 추천을 제공하여 보다 효과적인 학습 네트워크 구축을 가능하게 합니다. 가상 언어 몰입 및 대화 연습을 지원하여 보다 몰입적이고 매력적인 언어 학습 경험을 가능하게 합니다. 다양한 동기 부여 수준과 관심을 가진 학생들에게 개인화된 피드백과 지원을 제공할 수 있습니다. 온라인 리더십 및 기업가 정신 교육을 지원하여 보다 포괄적인 기술 구축 기회를 제공할 수 있습니다. 교사 평가 및 전문성 개발을 위해 자동화된 진행 상황 추적 및 보고를 제공할 수 있습니다. 가상 환경 교육 및 지속 가능성 학습을 지원하여 보다 포괄적인 학습 기회를 제공할 수 있습니다. 다양한 성격 특성과 강점을 가진 학생들에게 개인화된 피드백과 지원을 제공할 수 있습니다. 온라인 감성 지능 및 사회적 기술 훈련을 지원하여 보다 포괄적인 기술 구축 기회를 제공할 수 있습니다."

생성형 AI를 인생 항로의 부조종사로 삼아라

깃허브 전 CEO 냇 프리드먼Nat Friedman은 코파일럿의 등장을 이렇게 평가했다. “항공기 부조종사처럼 내 옆에서 모든 걸 도와주는 AI 프로그래머 시대가 열렸다.”

필자는 확신한다. 챗GPT를 손에 쥐어라. 그러면 당신의 ‘모든’ 업무와 일상에서 부조종사를 얻게 된다. 냇 프리드먼은 다가오는 미래를 이렇게 예측했다. “언어 모델, 코딩 도구 외에도 이미지 생성, 3D 콘텐츠 생성 등 다양한 분야에서 AI등 중요한 혁신의 순간이 있을 것으로 예상된다. 이런 변화는 마치 인터넷의 발명, 개인용 컴퓨터의 출현과 같이 문명을 다시 쓰는rewriting civilization 정도의 큰 변화가 될 것이다"*

변화와 혁신의 속도를 높이는 동력 중 하나는 투자금의 규모다. 2019년, 마이크로소프트는 챗GPT 서비스를 하는 오픈AI에 10억 달러를 투자했다. 그리고 2023년, 추가로 100억 달러 투자를 결정했다. 챗GPT의 하루 운영비는 최소 10만 달러(약 1억 3,000만 원)다. 미국 시장조사업체 뉴스트리트트리서치는 마이크로소프트는 오픈AI 투자 이외에도, 챗GPT가 탑재된 자사의 검색엔진 빙의 성능을 업그레이드하기 위해 그래픽처리장치(GPU) 등 인프라 비용으로만 최소 40억 달러(약 5조 2,000억 원)를 투자할 것이라고 전망했다. 미국 투자은행 모건스탠리은 구글이 오픈AI의 챗GPT, 마이크로소프트 빙을 추격하려면 2024년까지 최소 60억 달러(약 7조 8,000억 원)를 투자해야 할 것으로 예측했다.** 그만큼, 챗GPT를 비롯한 생성형 AI의 성능 향상 속도도 빨라졌다.

2023년 3월 14일, 오픈AI는 챗GPT4를 전격 출시했다. 2023년 3월 16일에는 MS가 AI가 문서를 작성·요약·편집해주는 GPT4 기반의 'MS 365 코파일럿'을 공개했다. 2023년 3월 21일, 구글도 챗

* 주간동아, 2023.03.05. 이슬아, "메타, '라마(LLaMA)'로 AI 개발 경쟁 가세"

** 머니S, 2023.03.16. 송혜남, "한국형 챗GPT 개발 늦은 이유… 성공 관건은"

GPT에 대항할 AI 챗봇 바드Bard 서비스를 출시했다.

오픈AI에게 선두를 빼앗긴 구글은 자사의 초거대 언어모델 람다LaMDA 기반의 생성형 AI 모델 바드에 서비스 오픈에 직원 8만 명을 동원했다. 구글은 자사 검색과 바드를 연동해서 최신 정보를 제공하고 답변에 출처를 표기, 신뢰성을 높였다. 구글의 바드는 양자물리학을 간단한 용어로 설명할 정도로 어려운 과학적 개념도 쉬운 언어로 설명한다.

챗GPT는 검색 시장의 판도를 바꿀 파괴적 혁신 기술이다. 구글은 검색 시장에서 약 10억 명의 사용자를 확보하고 있다. 전체 시장의 93% 점유율이다. 구글 모회사 알파벳의 매출 구조를 분석하면 검색(구글과 유튜브 검색) 분야가 76%를 차지한다. 마이크로소프트 빙한테 글로벌 검색 시장 점유율 1%만 잃어도 구글은 매출 3조 원이 줄어든다. 구글은 급해졌고, 마이크로소프트는 추격의 고삐를 당겼다.

마이크로소프트는 구글보다 먼저 출시했던 빙 챗봇 서비스에 오픈AI의 AI 화가 달리DALL-E를 탑재하여 웹브라우저 엣지에서 이미지를 생성할 수 있는 '빙 이미지 크리에이터' 기능을 추가하면서 반격했다. 페이스북으로 유명한 메타도 챗GPT 경쟁에 뛰어들었다. 메타표 초거대 인공지능 언어 모델은 라마LLaMA다.

메타 최고경영자 마크 저커버그는 "라마는 문장을 생성하고 대화를 나누고 작성된 자료를 요약하는 것은 물론, 수학 문제를 풀거나 단백질 구조를 예측하는 등 보다 복잡한 작업에서도 많은 가능성을 보여줬다. 메타는 이 연구용 오픈 모델에 전념하고 있으며 새로운 모델을 AI 연구 커뮤니티에서 이용할 수 있게 할 것"이라고 자랑했다.

라마는 파라미터(인간 뇌의 시냅스 역할을 하는 매개 변수) 개수가 최대가 650억 개다. 오픈AI의 챗GPT3.5(1,750억 개)와 구글의 람다(1,370억 개)보다 현저히 적다. 하지만 라마는 파라미터 갯수가 70억, 130억, 330억, 650억 개로 된 4종 모델로 구성된다. 필요와 목적에 따라 용량을 골라 사용할 수 있게 하는 전략이다. 개발자 측면에서, 파라미터 개수가 작은 모델은 빠르고 효율성이 높아진다. 라마는 파라미터가 작은 단점을 학습 데이터양을 늘려 보완했다. 메타는 라마를 페이스북, 인스타그램, 왓츠앱 등 자사의 모든 제품과 서비스에 적용할 계획이다.*

중국 기업들도 챗GPT 광풍에 참전했다. 중국 1위 포털사이트를 운영하는 바이두는 어니봇Ernie Bot, 중국명 원신이옌文心一言을 출시했다. 바이두는 어니봇을 은행 업무에도 도입할 예정이다. 2021년, 바이두는 최초로 AI 가상 은행원 에이야를 선보였다. 바이두는

* 주간동아, 2023.03.05. 이슬아, "메타, '라마(LLaMA)'로 AI 개발 경쟁 가세"

어니봇의 대화 기능을 디지털금융, AI 디지털 휴먼, 디지털 영업점 등에 적용할 계획이다. 알리바바도 챗GPT와 비슷한 서비스를 알리바바 클라우드 기반 기업용 커뮤니케이션 플랫폼 딩톡에 탑재할 예정이다. 텐센트는 게임 개발에, 넷이즈는 AI 회화 선생님 등과 같은 교육산업에, 징둥은 산업용 챗GPT인 챗JD를 출시할 예정이다. 바이트댄스, 360, 콰이쇼우, 아이플라이텍 등도 챗GPT와 유사한 서비스 출시를 준비 중이다.*

생성형 AI 서비스 시장을 두고 펼쳐지는 빅테크들의 경쟁이 점입가경이지만, 응용 서비스 출시 속도와 생성형 AI 단점 개선도 무섭게 빨라지고 있다. 표절 문제가 붉어지자, 어도비는 '표절 없는 이미지'를 생성하는 AI 프로그램을 출시했다. 실리콘밸리 AI 채용 서비스 문허브Moonhub는 사내 혹은 외부에 있는 인재 및 직원 채용 담당자에게 인터넷의 바다에서 수십억 개의 개인 데이터를 AI 기술로 분석해 가장 적합한 채용 후보군을 제안한다. 채용 담당자를 위한 코파일럿이다. 아카사의 젠 스크라이브Gen Scribe는 의사들이 자연어로 질문이나 명령어를 넣으면 생성형 AI가 자동으로 의료 기록을 완성하고, 진료 기록을 정확하고 손쉽게 작성해준다. 어도비도 문자를 입력하면 그림을 생성하는 생성형 AI 모델 '센세이 젠

* 뉴스1, 2023.02.16. 정은지, "챗GPT 불 지핀 美…바이두 · 텐센트 참전 '中 도전장'"

AI'를 공개했다.

인공지능 반도체 세계 1등인 엔비디아도 생성형 AI 전쟁에 뛰어들었다. 생성형 AI 개발에 필요한 컴퓨팅파워를 클라우드(가상서버) 형태로 제공하는 'DGX 클라우드'와 기업용이 자체 데이터를 넣어 훈련시켜 맞춤 생성형 AI 모델을 개발할 수 있는 서비스 '엔비디아 AI 파운데이션'을 출시했다.* 코드 자동생성을 해주는 코파일럿도 개발자가 음성으로 자연어 프롬프트를 넣으면, 인공지능이 텍스트로 토큰을 생성하고 명령을 수행하는 '깃허브 코파일럿 보이스'를 추가할 예정이다.

AI 스타트업 리턴제로는 구글 밋으로 진행되는 회의를 영상으로 기록하고 텍스트로 자동 변환해주는 회의 기록 서비스 콜라보CALLABO를 출시했다.

미국 기업 세일즈포스는 챗GPT를 탑재한 고객관계관리시스템CRM 플랫폼 '아인슈타인 GPT'를 공개했다. 아인슈타인 GPT는 기업용 메신저 슬랙서 텍스트, 이미지, 코드 등을 자동으로 생성해준다. 세일즈포스의 핵심 서비스인 영업, 서비스, 마케팅 등 고객 관리 업무 전반에 필요한 개인 AI 콘텐츠 생성과 자동화 시스템 구축도 지원한다. 아인슈타인 GPT는 개인화된 채팅 응답, 이메일 작

---

* 신동아, 2023.03.23. 박원익, "생성 AI, '모든' 업무 부조종사 노릇 한다, 곧!"

성, 회의 예약도 자동으로 생성해준다.

딥세일즈는 비즈니스 거래 성사율이 해외 거래처를 예측할 수 있도록 기업 신뢰도, 상품 카테고리, HS코드, 물류정보, 담당자정보 등 해외 판로 개척과 관련된 100개가 넘는 변수들을 딥러닝으로 분석해주는 서비스를 출시했다.*

전 세계 5,880만 명의 이용자를 확보하여 메타버스의 제왕이라고 불리는 '로블록스'도 생성형 AI 전쟁에 뛰어들었다. "10살짜리 꼬마도 글만 적을 수 있으면 누구나 로블록스에서 게임을 '뚝딱' 만들 수 있는 시대가 왔다. 코딩 한 줄 작성 못 해도 상관없다. '빨간색, 2인용, 스포츠카'라는 단어만 적을 수 있으면 로블록스 생성형 AI가 게임상의 자동차를 바로 만들어준다." 이는 로블록스가 생성형 AI를 활용해 게임 개발의 진입장벽을 낮추겠다는 목표를 발표하면서 설명한 미래다.

2023년 3월 20일, 미국 샌프란시스코 모스콘센터에서 열린 세계 최대 게임 개발자 행사인 'GDC 2023'에서 로블록스스튜디오는 두 가지 생성형 AI 도구 베타버전을 선보였다. '머터리얼 제너레이터Material Generator'라는 생성형 AI는 이용자가 텍스트로 간단한 생성 명령어를 입력하면 생성형 AI가 3D 가상현실에서 작동 가능한 콘

---

* 뉴시스, 2023.03.19. 권안나, "'고객 관리 · 영업 성과 달성'…AI가 기업 세일즈 도와요"

텐츠를 코딩이 끝마친 상태로 제공한다.

또 다른 생성형 AI는 코드를 완성하는 '코드 어시스트Code Assist'다. 로블록스 플랫폼에서 코딩 기초 지식을 가지고 있는 초보 개발자를 위한 서비스다. 인간 개발자가 로블록스 스튜디오 스크립트 에디터에 코드를 단 세 줄만 입력하면 AI가 게임을 완성할 수 있는 나머지 코드를 제안해준다. 로블록스는 '앞으로 코드는 한 줄도 치지 않고, 인간 이용자가 자연어로 한 줄만 적으면 모든 코드를 AI가 자동으로 제공하는 서비스를 출시하는 것을 목표로 한다.'라고 했다.*

챗GPT로 인해 새로운 직업도 출현했다. 바로 '프롬프트 엔지니어'다. 마이크로소프트의 GPT 빙에게 프롬프트 엔지니어가 무엇인지 물었다. 그러자 다음과 같이 즉각 대답했다.

"프롬프트 엔지니어Prompt Engineer란, 소프트웨어나 시스템에서 사용자 인터페이스UI의 프롬프트prompt를 디자인하고 개발하는 역할을 말합니다. 프롬프트란 컴퓨터 사용자가 명령어나 입력값을 입력하기 위해 나타나는 메시지나 문구를 말합니다. 프롬프트 엔지니어는 사용자 경험UX을 개선하고 시스템의 사용성을 높이기 위해 프롬프

* 조선비즈, 2023.03.23. 이소연, "생성형 AI 도구 쓰면 코딩 모르는 초딩도 메타버스 게임 개발"

트 디자인, 텍스트 및 메시지 생성, 버튼 및 기타 입력 요소의 디자인과 구현 등을 수행합니다. 이 역할은 UI/UX 디자이너와 밀접하게 연관되어 있으며, 개발자들과도 긴밀한 협업을 수행합니다. 프롬프트 엔지니어의 주요 업무에는 사용자 인터페이스 디자인, 시스템 및 소프트웨어 개발, 사용자 경험 테스트 및 피드백 수집, 문제 해결 및 지원 등이 포함됩니다. 이러한 작업은 소프트웨어 개발 생명주기[SDLC]의 다양한 단계에서 수행될 수 있습니다."

챗GPT는 인간과 대화하는 것과 비슷하게 반응한다. 당신이 아이에게 뻔한 질문을 하면, 사춘기 아이는 입을 삐쭉거리면서 뻔한 대답만 해주고 만다. 챗GPT도 마찬가지다. "너는 무엇을 할 수 있니?" 하고 뻔한 질문을 하면, 다음과 같은 뻔한 대답만 한다.

"챗GPT는 오픈AI에서 개발한 AI 언어 모델로, 광범위한 자연어 처리 작업을 수행할 수 있는 능력을 가지고 있습니다. 챗GPT가 할 수 있는 일 중 일부는 다음과 같습니다. 질문에 답하기, 텍스트 생성, 언어 번역, 텍스트 요약, 캡션 생성, 채팅, 스토리 작성, 텍스트 완성, 감정 분석, 텍스트 분류할 수 있습니다."

하지만 필자가 위에서 소개했듯이, 주제와 맥락을 고려한 질문,

구체적인 형식과 포맷이 포함된 질문 등 구체적으로 질문을 던질수록 대답의 품질이 달라진다. 그래서 챗GPT 같은 생성형 AI를 활용할 때의 기본 능력은 '질문의 기술'이다.

인간 사용자가 얼마나 많은 생성형 AI 사용 경험을 가졌는가, 생성형 AI와 얼마나 논리적이고 비판적 질문을 하면서 대화를 주고받을 수 있는가에 따라 협업 결과가 달라진다. 참고로 필자도 이 책을 챗GPT, 빙 등의 생성형 AI와 협업해서 쓰고 있다. 당연히 질문의 기술, 논리적이고 비판적인 대화를 했다. 필자의 경험으로도 이 책의 초반을 쓸 때보다 후반으로 갈수록 챗GPT와 협업의 속도와 질이 향상되는 것을 느낀다.

챗GPT에 하는 질문을 '프롬프트(명령어)'라고 부른다. 프롬프트 엔지니어Prompt Engineer는 챗GPT 같은 생성형 AI가 이용자 의도에 맞는 답을 내놓을 수 있도록 프롬프트를 만들고 검증·실험하는 직업으로 'AI 조련사'를 가리킨다. 오픈AI CEO 샘 알트먼Sam Altman은 "프롬프트 작성은 자연어(일반 언어)로 하는 프로그래밍"이라고 말한다.

프롬프트 엔지니어는 코딩을 몰라도 할 수 있다. 프롬프트 엔지니어는 챗봇이 오답을 말하면, '답변의 이유를 단계별로 설명하라.', '단계별 논리적 추론을 열거하라.' 등의 교정 프롬프트(명령어)를 연속으로 입력해서 AI가 오류를 인식하고 정답을 말하게 지도한다.

챗GPT 광풍이 일면서 프롬프트 엔지니어 몸값도 폭등했다. 구글은 프롬프트 엔지니어에게 연봉 25만~33만 5,000달러(약 3억 2.000만 원~4억 3.000만 원)를 준다. 국내에도 AI 스타트업 뤼튼테크놀로지스가 프롬프트 엔지니어에게 연봉 1억 원을 제시하는 공개채용을 시작했다. 뤼튼테크놀로지스은 공채를 알리는 공지에서 코딩 실력은 보지 않고, GPT3, 챗GPT, CLOVA 등 다양한 생성형 AI 프롬프트 엔지니어링 경험을 가진 사람을 선호한다고 명시했다. 프롬프트를 1건당 1.99~29.99달러에 판매하는 전문 사이트도 있다.*

디지털 자산 창작자 그리고 AI 생성물 감별사도 챗GPT 시대에 새롭게 부상하는 직업이다. 디지털 자산[Asset] 창작자는 생성형 AI를 활용해서 글과 이미지부터 사운드까지 다양한 디지털 자산을 만들어 부를 창출하는 직업이다. AI 생성물 감별사는 인터넷 시장에 올라오는 다양한 디지털 자산들 중에서 인간이 제작한 것과 인공지능이 제작한 것을 감별해주는 직업이다.**

* 머니투데이, 2023.03.23. 윤지혜, 배한님, 황국상, "코딩 몰라도 돼…"대화만 잘하면 연봉 4억" AI 조련사 뭐길래", 헤럴드경제, 2023.03.15. 박혜림, '말만 잘해도 월급 800만 원' 국내 첫 뽑는 직장, 뭐길래 난리?"

** 머니투데이, 2023.03. 25. 이재원, "챗GPT로 떠오르는 지식 검색사, AI 감별사, 디지털 창작자"

챗GPT로 이미 패권 경쟁은 시작됐다

한국 기업도 분주해졌다. 한국 기업들의 전략은 빅테크보다 우위에 있는 한국어 데이터의 양과 질을 사용해서 '한국어 특화 모델'로 경쟁력을 갖추는 것이다. 한국 기업들은 외국 기업이 보유하지 못한 오프라인 자료, 일정 권한을 가진 사람만 접근하는 딥 웹 deep web 자료를 많이 갖고 있다.

네이버 '하이퍼클로바'는 2,040억 개의 파라미터를 사용해서 5,600억 개의 한국어 토큰을 학습했다. GPT3의 한국어 데이터보다 6,500배 많다. 네이버는 하이퍼클로바를 고도화하고, '서치

GPT'를 선보일 예정이다. 카카오는 60억 개의 파라미터와 2,000억 개 토큰의 한국어 데이터를 학습시킨 '코GPT'를 가지고 있다. 카카오는 헬스케어, 챗봇 등 일부 전문 영역에만 특화된 틈새 서비스 전략이다.*

예를 들어 카카오는 광학문자인식(OCR) 기술과 챗GPT를 더한 'AskUP'을 공개했다. 이 서비스는 공개 3일 만에 카카오톡에서 3만 명 이상이 채널을 추가했다. AskUp을 친구로 추가하면 '챗GPT'처럼 사용자가 대화 형식으로 인공지능과 문답을 주고받는다. AskUp의 차별점은 카카오의 업스테이지의 OCR 기술이 탑재되어 있어서 사용자가 텍스트로 작성된 문서나 손글씨 이미지, 사진 등을 넣으면 그 내용을 읽고 이해하고 번역된 내용과 답변해준다. 다양한 글꼴, 배경 등에 상관없이 문자를 인식할 수 있기 때문에, 학습 자료, 사업자 등록증, 계약서 등 다양한 서류도 AskUp에 질문하면 필요한 정보를 정리해서 알려주고 텍스트로 처리도 해준다. 카카오는 자사의 서제스트(Seargest, 추천+검색) 기술 등도 적용하여 과거의 카카오 대화 중 필요한 내용을 쉽게 찾는 기능도 덧붙일 계획이다.**

이외에도 한국 스타트업들이 챗GPT나 GPT4를 자사 서비스에

* 시사저널, 2023.03.25. 이하은, "'챗GPT 충격'에 승부수 던진 네이버·카카오"

** 매경이코노미, 2023.03.09. 진욱, "카톡에서 챗GPT를?…AskUP 이용자 3만명 돌파"

연동하는 움직임도 빨라지고 있다. 예를 들어 굿닥은 건강 및 시술 질의응답 서비스에서 적용했고, 라이너는 챗GPT를 활용한 검색, 마이리얼트립은 여행 계획 추천에 사용한다. 엘리스는 챗GPT를 탑재하고 코딩 학습 도우미 서비스를 출시했다. 올거나이즈코리아는 기업용에 특화된 자료 요약, 질의응답 서비스를 출시했고, 체인파트너스는 챗GPT를 한영자동번역 서비스에 탑재했다.*

국내 통신 3사도 생성형 AI 전쟁에 뛰어들었다. 2022년 5월, SK텔레콤은 인공지능 서비스 '에이닷(A.)'을 출시했다. 챗GPT 광풍이 불자, SK텔레콤도 에이닷의 성능 고도화를 시도 중이다. 에이닷에 사진, 음성, 텍스트 등 복합적 정보를 모두 다룰 수 있는 멀티모달 기술과 오래된 정보를 기억해 대화에 활용하는 장기기억 기술도 적용했다.

2022년 11월, KT도 초거대 AI 프로젝트 '믿음(MIDEUM)'을 공개했다. 믿음은 챗GPT3 알고리즘을 활용한 대화형 AI 서비스다. KT는 믿음을 금융사들과 연계할 계획이다.

LG유플러스는 '엑사원(EXAONE)'이라는 인공지능과 AI 서비스 통합 플랫폼 '익시(ixi)'를 개발 중이다. LG유플러스는 자사의 인공

---

* 중앙일보, 2023.03.21. 김남영, "'와 달라졌네' 2주새 28만명 모았다…더 똑부러진 한글 챗GPT"

33지능을 유플러스 플랫폼 서비스에 적용 중이다. 예를 들어 유플러스 고객이 고객센터로 전화를 할 경우 AI 엔진이 고객의 음성을 텍스트로 변환하여 GPT 알고리즘을 통해 고객의 의도와 질문의 문맥을 파악하여 최적의 대답을 음성으로 답변해주는 식이다.*

오픈AI, 구글, 마이크로소프트, 메타, 네이버, 카카오 등 챗GPT 같은 생성형 AI 기술을 가진 회사들은 이미 당신의 일상을 바꾸는 서비스와 기술을 출시하는 치열한 경쟁을 시작했다. 구글의 생성형 AI 바드는 당신이 "올해 더 많은 책을 읽겠다."라는 식의 자기개발 목표를 세우면, 그것을 달성할 방법을 조언해준다.

앞으로 챗GPT 같은 생성형 AI 기술을 가진 빅테크들이 당신의 일상을 완전히 바꾸는 기술과 서비스를 출시하는 속도는 더욱 빨라질 것이다. 스타트업들은 빅테크들이 개발한 기술과 서비스를 자사의 다른 서비스와 통합하여 새로운 변화에 가속도를 붙일 것이다. 그리고 이런 서비스와 기술을 사용하는 유저는 자신의 일상을 모두 바꾸는 선택과 행동을 서슴지 않을 것이다.

챗GPT 같은 생성형 AI에게 매일 아침마다 날씨를 묻고, 날씨에 맞는 아침 식사 레시피를 묻고, 메일을 대신 보내라고 명령하고, 음악을 추천해 달라고 하고, 기획서를 같이 작성하고 심심할 때 할

---

* 아이뉴스24, 2023.03.22. 문영수, "챗GPT가 강타한 AI 혁신 '인류의 친구인가, 적인가'"

일을 알려 달라고 할 것이다. 아내의 생일 선물 추천과 주문을 부탁하고, 여름휴가에 가족과 함께 갈 여행 루트를 알려 달라고 하고 비행기 티켓 예약도 부탁할 것이다. 낯선 여행지에서는 지역 맛집을 추천 받고 시장에서 현지인과 물건을 구매할 때 실시간 번역과 통역 서비스를 요청할 것이다. 자신의 아바타를 만드는 데 생성형 AI의 도움을 받고, 자기 음성과 제스처를 학습시킨 아바타를 유튜브나 페이스북, 메타버스에서 활동하게 할 것이다.

챗GPT 같은 생성형 AI를 사용하는 이들의 도전적인 행동들은 미래 시장의 모습을 완전히 바꾸어 놓게 될 것이다. 챗GPT 같은 생성형 AI를 개발하는 빅테크, 이들의 기술을 자사 서비스와 제품에 적극 융합시키는 스타트업, 이들이 출시한 서비스를 적극적으로 사용하는 유저 모두가 앞으로 10년 동안 미래 변화를 주도하고 기존 시장 파괴를 주도하는 게임 체인저다.

다시 말하지만 이런 미래는 이미 당신 곁에 와 있다. 챗GPT가 시장의 판도를 바꾸고, 당신의 일상을 바꾸는 것이 가능하다고 장담하는 실례를 이제부터 하나씩 들어보겠다.

챗GPT에게 질문할 때는 선택지를 요구하라

챗GPT가 당신의 일상을 바꾸는 것이 가능하다는 실례를 들어 보겠다. 우리 주위에 "나는 의사 결정 장애가 있어!"라고 우스갯소리를 하는 이가 많다. 의사 결정 장애에 빠지는 다양한 이유가 있지만, 대표적 이유는 어떤 선택지들이 있는지를 파악하지 못하기 때문이다.

회사 생활을 하면, 중요한 의사 결정을 내려야 하는 순간이 많다. 챗GPT가 이 부분을 확실하게 도와줄 수 있다. 필자는 이것을 일명, '챗GPT와 함께하는 선택지 조언 게임'이라고 부른다. 필자는 이 방식을 국내 대기업의 임직원 교육에 실제로 사용하고 있다. '챗GPT와 함께 미래의 모든 선택지를 생각해보기'를 강의 중에 해보는 것이다.

예를 들어 다음과 같은 질문을 챗GPT에게 던진다. "중국이 대만을 포위하자, 미국이 태평양 함대를 급파했다. 한국에 주둔한 주한 미군도 미국과 중국의 군사적 대치 상황에 투입되었다. 세계 금융과 투자시장이 공포에 빠졌다. 핵전쟁이 일어날 가능성이 높아지고 있다는 두려움 때문이다. 주인공은 한국 반도체 회사 임원이다. 어떤 선택지들이 있는지 20가지로 제시해줘."

필요하다면, 챗GPT가 제시한 선택지 몇 개를 더 심층적으로 질문해볼 수도 있다. "최소 500~1,000자 이상으로 해줘."라고 명령하면, 챗GPT는 깊은 대답을 해준다. 원하는 선택지가 빠질 경우 직접 입력을 해서 선택지에 넣어 달라고 명령해도 된다. 이런 과정을 반복하는 것만으로 선택 가능한 모든 선택지를 빠르게 검토할 수 있다. 각 선택지마다 예상되는 결과들도 대답해준다.

이런 기능은 개인의 일상사에도 얼마든지 적용할 수 있다. 필자는 "지금 경제가 어렵다. 물가는 매우 높고, 주식시장은 하락을 거듭한다. 은행은 대출을 규제하고, 소비자들은 가격에 매우 민감하다. 나는 50대 남성이고, 서울 근교의 공장에서 엔지니어로 일하고 있다. 일주일에 2일정도 부업을 할 수 있는 시간을 낼 수 있다. 나의 최종 학력은 석사다. 나는 운동도 상당히 잘한다. 손재주도 좋다. 부업으로 매월 100만 원 정도의 수익을 얻었으면 좋겠다. 어떤 부업을 해야 좋을까? 20가지만 추천해 달라." 하고 질문을 던졌다. 아래는 챗GPT가 추천해준 부업들이다.

"귀하의 기술, 관심사 및 가용성에 따라 귀하에게 적합할 수 있는 20개의 부업이 있습니다.

- 개인 트레이너: 스포츠와 손재주에 대한 관심으로 개인을 위한 개인 트레이너로서 서비스를 제공할 수 있습니다.
- 스포츠 코칭: 유소년 축구팀이나 야구팀과 같은 지역 스포츠팀의 코치로서 서비스를 제공할 수 있습니다.
- 컴퓨터 수리: 기술 지식으로 개인 또는 기업을 위한 컴퓨터 수리 전문가로서 서비스를 제공할 수 있습니다.
- 자유 기고가: 석사 학위가 있으면 웹사이트나 출판물에 대한 자유 기고가로서의 서비스를 제공할 수 있습니다.
- 데이터 입력: 엔지니어링 배경을 통해 회사 또는 개인을 위한 데이터 입력 전문가로서 서비스를 제공할 수 있습니다.
- 소셜 미디어 관리: 기술에 대한 지식으로 기업 또는 개인을 위한 소셜 미디어 관리자로서 서비스를 제공할 수 있

습니다.

- 언어 교육: 제2외국어에 능통하다면 개인 또는 기업을 위한 언어 강사 서비스를 제공할 수 있습니다.
- 전자상거래: 스포츠에 관심이 있다면 Etsy 또는 Amazon과 같은 플랫폼을 통해 스포츠 관련 제품을 온라인으로 판매하는 것을 고려할 수 있습니다.
- 온라인 튜터링: 수학이나 과학과 같이 전문 지식이 있는 과목에 대해 온라인 튜터링 서비스를 제공할 수 있습니다.
- 소셜 미디어 인플루언서: 스포츠에 대한 관심으로 소셜 미디어 팔로어를 구축하고 후원 게시물이나 제품 보증을 통해 수익을 올릴 수 있습니다.
- 전자책 쓰기: 작문 실력으로 Amazon Kindle 또는 Apple iBooks와 같은 플랫폼에서 전자책을 쓰고 판매할 수 있습니다.
- 컨설팅 서비스: 엔지니어링 배경을 통해 전문 분야의 기업이나 개인에게 컨설팅 서비스를 제공할 수 있습니다.
- CAD 설계: CAD(Computer-Aided Design)에 대한 전문 지식을 바탕으로 다양한 제품에 대한 3D 모델 및 렌더링을 생성하는 서비스를 제공할 수 있습니다.
- 특허 연구: 엔지니어링 지식을 바탕으로 새로운 제품과

아이디어를 개발하려는 회사에 특허 연구원으로서 서비스를 제공할 수 있습니다.

- 엔지니어링 컨설팅: 제품 또는 제조 프로세스를 개선하려는 회사에 엔지니어링 컨설턴트로 서비스를 제공할 수 있습니다.
- 테크니컬 라이팅: 기계 공학에 대한 전문성을 바탕으로 매뉴얼 및 기타 기술 문서를 작성하는 테크니컬 라이터로서의 서비스를 제공할 수 있습니다.
- 3D 프린팅: 3D 프린팅 기술에 대한 지식을 바탕으로 3D 프린팅 부품 및 제품을 설계하고 생산하는 서비스를 제공할 수 있습니다.
- 품질 관리: 세부 사항에 주의를 기울이면 품질 관리 전문가로서 서비스를 제공하여 제품이 품질 표준을 충족하는지 확인할 수 있습니다.
- 유지 보수 서비스: 기계 시스템에 대한 지식을 바탕으로 다양한 기계 장비에 대한 유지 보수 및 수리 서비스를 제공할 수 있습니다.
- 프로토타이핑: 기계 시스템 및 제조 프로세스에 대한 지식을 바탕으로 신제품의 프로토타입을 만드는 서비스를 제공할 수 있습니다.

이것은 귀하의 기술, 관심사 및 가용성에 따라 귀하에게 적합할 수 있는 부업에 대한 몇 가지 제안에 불과합니다. 잠재적인 기회를 철저히 조사하고 부업에 전념하기 전에 소득 잠재력 및 시간 약속과 같은 요소를 고려하는 것이 중요합니다."

생성형 AI라는 무기를 갈고닦아야 할 때

챗GPT가 당신의 질문을 알아듣고 순식간에 대답을 찾아내고, 당신에게 인생 조언을 해주고, 부업을 추천해주고, 직업이나 일자리 문제를 상담해주고, 이별의 아픔을 극복하는 방법을 가르쳐주고, 어렵고 복잡한 장부 계산을 해주고, 친구의 생일에 깜짝 이벤트를 무엇을 해야 할지 아이디어를 추천해주고, 비가 오는 날에 시를 쓰고, 그 시로 노래를 가사를 작성해주고, 명함 디자인을 조언해주고, 유튜브나 페이스북에 올린 대본이나 이야기를 작성해주고, 영어 작문을 해주고, 독후감을 평가해주고, 프로그램 코드를 작성하고나 잘못된 곳을 찾아 수정해주고, 타로카드로 점을 쳐주고, 미래 시나리오를 작성해주는 능력을 보여준다. 심지어 법원에 제출할 소장도 만들어준다.

채용 플랫폼에도 챗GPT 서비스가 도입되고 있다. 2023년 3월 초, 채용 플랫폼 원티드랩은 GPT3 모델을 기반으로 만들어진 'AI 면접 코칭 서비스'를 시작했다. 해외에서는 챗GPT를 활용한 법률 상담도 시작되었다.

과학계에서는 챗GPT가 과학연구를 위한 브레인스토밍, 실험 디자인 등에 활용해 연구 시간을 크게 줄이는 데 도움이 된다는 의견도 나온다. 마이크로소프트는 챗GPT로 텍스트 명령을 하여 만든 코드로 드론이나 로봇 팔 등을 제어할 수 있다고도 한다. 마이크로소프트 연구팀은 챗GPT에게 "로봇 팔로 마이크로소프트 로고를 나무 블록으로 만들어줘."라고 명령을 했다. 챗GPT는 이 명령을 받고 즉각 코드를 생성했고, 마이크로소프트 연구팀이 그 코드를 로봇에 입력하자, 로봇 팔이 바로 나무 블록에 기업 로고를 그렸다.*

미국 MZ세대에게 가장 인기 있는 인터넷 언론은 버즈피드Buzzfeed다. 버즈피드의 최고경영자 조나 페레티Jonah Peretti는 챗GPT

* ZDNET Korea, 2023.03.06.김미정, "마이크로소프트 '챗GPT로 로봇 조종할 수 있다'"

같은 생성형 AI가 언론사의 편집과 경영에서 큰 역할을 할 것으로 기대한다고 말했다. 조나 페레티는 챗GPT 기술을 활용해서 인간이 작성한 기사의 비문과 오타를 점검해 달라는 요청하는 것뿐만 아니라 독자를 한 사람 한 사람에게 개인화된 퀴즈를 만들겠다고도 선언했다.

2023년 3월 14일, 오픈AI는 챗GPT4를 공개하면서 "이제 GPT는 문자뿐 아니라 이미지도 인식하며, 다양한 시험에서 인간과 비슷한 수준의 퍼포먼스를 보였다."라고 말했다. 챗GPT4의 가장 큰 변화는 사람의 눈처럼 이미지를 인식하면서 사용자와 대화를 주고받는 기능이다. 예를 들어 오픈AI 개발사 그레그 브록먼 회장 Greg Brockman이 챗GPT에게 자기 손글씨로 웹사이트를 이렇게 만들면 좋겠다며 아이디어 스케치를 사진으로 찍어 올렸다. 그러자 챗GPT는 웹사이트를 만들 수 있는 프로그래밍 언어 코드를 즉시 대답했다.

오픈AI는 챗GPT4가 복잡한 구성의 표, 다이어그램, 인포그래픽 등이 포함된 문서도 파악할 수 있다고 했다. 그림이 포함된 물리나 수학 문제도 사진으로 찍어서 보여주면 문제를 풀 수 있고, 논문에 포함된 이미지 파일도 요약해줄 수 있다. 오픈AI는 챗GPT4의 이런 능력을 활용하면 시각장애인이 주변 상황을 인식하는 데에도 도움을 줄 것이라고도 했다. 실제로 오픈AI 파트너 회사인 덴마크 스타트업 비마이아이즈가 GPT4를 기반으로 가상 자원봉사자 서비스를 개발하고 있다.* 챗GPT 기술이 장애인의 일상생활까지 대변화를 일으킬 수 있다는 신호다.

놀라기는 이르다. 이런 것들은 오픈AI사가 서비스하는 챗GPT가 할 수 있는 일들일 뿐이다. 이미 당신 주위에 당신의 일상을 완전히 바꿀 생성형 AI 서비스가 많다. 지금부터 당신을 더욱 놀라게 할 몇 가지 또 다른 생성형 AI 서비스들을 소개해보겠다.

챗GPT를 개발한 오픈AI는 그림을 그리는 생성형 AI 서비스도 한다. '달리2[Dall-E2]'라는 인공지능이다. 이것도 챗GPT처럼 자연어를 이해한다. 사용자가 만들고자 원하는 이미지에 대한 상황, 장면, 등장인물, 크기, 위치, 속성 등을 자연어로 입력하면 이를 분석하여 이미지를 생성한다. 예를 들어 "축구장 잔디에 앉아 있는 나비를 그려줘."라고 입력하면 원하는 그림을 즉각 그려준다. 달리2는 학습한 이미지를 기반으로 창조적 이미지도 만들어낼 수 있다. 디지털 아트[Digital Art]를 비롯해서 산업디자인, 광고, 인테리어 등에서 필요한 스토리 보드를 그리고 디자인에도 참여할 수 있다.

'딥브레인AI'라는 스타트업은 영상과 음성 합성 및 자연어 처리

* 주간조선, 2023.03.18. 조윤정, "더 똑똑해진 챗GPT4…문서분석, 장애인 지원 가능한 이미지 분석도"

를 하는 생성형 AI 기술로 AI휴먼을 만드는 서비스를 제공한다. 이 회사의 생성형 AI 기술은 비디오와 음성을 합성하고 자연어를 매끄럽게 처리하는 동시에 얼굴 표정, 입 움직임, 손짓과 같은 실제 인간의 제스처를 상황에 완벽하게 맞추는 AI 인간의 생성을 가능하게 한다. 이 뛰어난 창작물은 한국어와 영어를 모두 유창하게 구사할 수 있으며 뉴스 앵커부터 문재인 전 대통령, 윤석열 대통령, 오세훈 서울시장 등 정치인에 이르기까지 다양한 인물을 시뮬레이션하는 데 활용됐다. 이 기술이 CES에서 혁신상을 두 번 수상하고 CB Insights가 선정한 전 세계 250대 제너레이티브 AI 스타트업 중 하나로 선정된 것은 놀라운 일이 아니다.

이에 만족하지 않고 딥브레인AI는 리메모리[Rememory]라는 이름의 AI 추모 서비스를 시작했다. 돌아가신 부모님이나 사랑하는 사람의 인생 이야기를 배운 생성형 AI 아바타와 가족이 대화할 수 있도록 하는 서비스다. 이 획기적인 기술은 일상생활에서 추모를 경험하는 방식을 변화시키고 있다.

2017년 설립된 AI 인지 검색 솔루션 스타트업 '올거나이즈코리아'가 내놓은 '알리[Alli] GPT'는 GPT3.5 API를 연동해 자연어 이해를 기반으로 다양한 형태의 문서를 빠르고 정확하게 검색하고 내용을 요약하고 종합해 답변하고, 출처 문서까지 제시하면서 기업의 업무 생산성을 높인다. 사용자가 챗봇의 답변에 'Good' 또는

'Bad'로 평가하면, 이런 평가를 챗봇이 학습하여 2주 정도 후에는 정확도를 90% 이상으로 끌어올린다.

올거나이즈코리아의 알리GPT 서비스를 탑재하여 새로운 서비스를 출시하는 스타트업도 있다. 빅테크의 기술을 스타트업이 탑재하여 새로운 서비스를 내놓고, 그 서비스를 다른 스타트업이 다시 탑재하여 또 다른 신규 서비스를 출시하는 선순환의 강화 피드백이 작동하는 셈이다. 스타트업 자비스앤빌런즈는 올거나이즈코리아의 알리GPT를 적용해 "학원비 지출 내역이 있는데, 왜 자녀공제에 반영되지 않았니?"와 같은 복잡한 질문도 이해하는 자연어 대화로 세금 신고·환급 작업을 돕는 '삼쩜삼'을 서비스한다.

'엑스엘에이트(XL8)'는 영상의 앞뒤 맥락, 등장인물의 관계까지 파악하여 한국어의 존중어, 높임말 등까지도 적절하게 반영한 번역을 한다. 이 회사는 일반 대중을 위해 '미디어캣'이라는 영상 번역툴도 출시했다. 당신이 영상을 업로드하고 몇 번의 클릭만으로 대사가 자동 추출되고, 번역이 필요하면 즉시 해주고, 원하는 음성으로 더빙까지 가능하다.*

2023년 3월 7일, 미국 미디어 기업 퓨처리는 챗GPT와 다른 생

---

* 동아일보, 2023.03.24. 김하경, "고인과 만나고 업무생산성 껑충, 무궁무진한 '생성AI'의 세계"

성형 AI를 함께 사용해서 인공지능이 직접 운영하는 라디오 방송 서비스를 시작했다. '라디오 GPT'라는 이 방송 서비스는 챗GPT가 라디오 방송에 필요한 정보를 인스타그램을 포함해 25만개 넘는 사이트에서 수집하여 대본을 작성하는 일을 담당하고, 음성을 생성하는 다른 생성형 AI가 대본을 읽는 식으로 방송한다.* 이 서비스가 발전하면, 라디오 및 TV방송과 유튜브 개인채널 방송에서도 혁명적 변화가 일어날 수 있다.

국내 광고대행사 에코마케팅은 오픈AI의 챗GPT와 네이버의 클로바와 협업하여 제품 랜딩 페이지 및 동영상 스토리보드 제작에 사용되는 AI카피라이터AI Copywriter를 개발했다. AI카피라이터는 마케팅 담당자가 제품에 대한 대상 또는 페르소나를 입력하면 자동으로 여러 가지의 광고 카피를 만들 수 있다. 이런 과정을 몇 번 반복하면서 수정 및 확인 작업만 하면 최종 광고 카피가 만들어진다. AI카피라이터는 상품 랜딩 페이지를 제작하고, 영상 스토리보드(콘티)를 만들 때에도 능력을 발휘한다.

에코마케팅은 마케터의 간섭 없이 캠페인을 자동으로 실행하는 오토파일럿Autopilot 프로그램도 도입했다. 지난 5년간의 미디어를 잘 운영하는 직원의 방법론을 인공지능에 학습시켜 모델을 만든

* ZDNET Korea, 2023.03.09. 김미정, "AI가 직접 운영하는 라디오 방송국 나왔다"

다. 회사는 오토파일럿을 이용하여 마케팅 캠페인 성과 예측이 나오면, 마케터들이 요일별 변수 등을 적절하게 조정하여 최종 판단을 한다. 에코마케팅의 김정파 상무는 챗GPT와 다른 생성형 AI의 역할과 효과를 이렇게 표현했다. "정말 유능한 대리급 한 명이 2시간 걸릴 것을 10초 만에 주는 느낌이다. 의사 결정 과정 시간은 줄고, 1인당 생산성은 늘어난 것을 체감한다. 이제는 소통을 잘하는 인재가 더 필요한 시대가 됐다. 신입사원들이 AI를 가지고 노는 반면, 이를 받아들이지 못하는 사람은 도태될 것이다."*

생성형 AI는 건축 설계에도 활용된다. 'ARCHITECTURES'라는 AI 기반의 빌딩 디자인 프로그램이 있다. 이것을 사용하면, 몇 분 만에 설계를 해준다. 물론 완벽하지 않기 때문에 인간 설계사가 교차 검증을 해야 한다. 하지만 이런 생성형 AI를 사용하면 설계 분야에서도 생산성 향상이 높아진다. 자동차회사 피아트나 기아자동차는 챗GPT를 활용해서 메타버스에서 자동차를 판매하는 경험을 구현하는 서비스를 연구 중이다.

* 블로터, 2023.03.22. 유다정, "AI가 바꾼 광고 대행사 풍경…에코마케팅의 AI 트랜스포메이션"

투자 예측 질문으로 챗GPT, 바드, 빙을 비교해보다

"2023년은 2008년과 몇 가지 유사점이 있어 앞으로 글로벌 금융위기 재발 우려가 커질 수 있다." 이는 2023년 3월 25일, 구글의 생성형 AI 바드가 내놓은 추론 기반 예측이다. 챗GPT 경쟁에서 오픈AI에게 선두를 빼앗길 구글은 자사의 생성형 AI 바드는 챗GPT보다 분석과 추론 능력에서는 우수하다고 자랑했다.

구글은 바드의 분석과 추론 능력을 자랑하기 위해 '2023년 글로벌 금융위기 가능성'이라는 이슈를 가지고 시연했다. 먼저 구글은 바드에게 "2023년 글로벌 금융 위기 가능성이 얼마나 되는지, 2008년과 비교해 답변하라."라고 했다. 바드가 내놓은 답변은 명쾌했다. "2008년 부채 총액이 200조 달러에 달했는데 오늘날 280조 달러로 커져 금융 위기에 취약해졌다. 더욱이 성장률은 2021년 3.6%에서 2022년 2.9%로 둔화해 기업 투자와 소비 지출이 감소하고 있다."라고 분석했다. 바드는 이런 분석을 근거로 세계 경제의 높은 부채 수준, 소득 불균형, 경제 성장 둔화를 근거로 들며 유사점이 있으므로 향후 위험이 커질 수 있다고 예측했다. 전문가들은 바드가 전세계 부채 총계 기사와 2022년 국제통화기금IMF 성장률 전망치를 활용했고, 이것을 2008년 자료와 비교 분석한 듯하다고 평가했다.

참고로 오픈AI의 챗GPT는 2021년 이전 데이터만 학습했다는 단점 때문에 추론에 한계가 있다. 구글은 오픈AI의 챗GPT의 이런 단점을 교묘하게 공격한 것이다. 구글의 바드는 시장 전망도 한다. 바드 시연 팀이 "2023년 글로벌 전기차 브랜드별 판매량 순위를 전망하라."라고 명령을 내리자, 바드는 "테슬라 150만대, 폭스바겐 120만대, BYD 100만대, GM 80만대, 도요타 70만대, 닛산 60만대, 현대자동차 50만대, 기아차 40만대다."라는 전망치를 내놓았다.*

생각보다 놀랍다. 구글 바드가 보여준 추론 기반 예측을 듣는 순

---

* 매일경제, 2023.03.26. 이상덕, "'금융위기 재발 조짐'… 경제전망 넘보는 구글AI" 트랜스포메이션"

간, 필자의 머릿속에 섬광처럼 스치는 생각이 있었다. 구글의 바드, 오픈AI의 챗GTP, 마이크로소프트의 빙 등 빅테크가 내놓은 생성형 AI는 각기 다른 장점이 있다. 각각의 장점을 잘 결합해서 활용하면, 경제, 금융, 투자 등의 영역에서 통찰력을 얻을 수 있지 않을까? 그래서 먼저 챗GPT에게 필자의 머릿속에 떠오른 위 질문을 그대로 던져보았다. 챗GPT는 다음과 같이 대답했다.

"예, Google의 Bard, 오픈AI의 챗GPT 및 Microsoft의 Bing과 같은 빅테크 회사의 생성형 AI 모델의 서로 다른 강점을 결합하여 경제, 금융 및 투자와 같은 영역에서 귀중한 통찰력을 얻을 수 있습니다. 각 모델에는 고유한 강점과 기능이 있으며 이러한 강점을 활용하고 결합함으로써 단일 모델이 제공할 수 있는 것보다 더 정확하고 포괄적인 통찰력을 생성할 수 있습니다. 이것은 잠재적으로 더 나은 정보에 입각한 투자 결정과 경제 동향 및 패턴에 대한 더 깊은 이해로 이어질 수 있습니다."

이런 답변을 듣고 나서, 필자는 이렇게 다시 질문했다. "미국의 경제 성장률 및 인플레이션에 대한 최신 데이터를 가져와 달라." 챗GPT가 내놓은 대답은 "혼선을 드려 죄송하지만 AI 언어 모델이라 실시간 데이터 접근이 불가능하고 인터넷으로 최신 정보를 찾아볼 수 없습니다. 내 지식은 2021년 9월에 마지막으로 업데이트되었으며 미국의 경제 성장 및 인플레이션에 대한 최신 데이터를 제공할 수 없습니다."였다. 그러면서 챗GPT는 미국의 경제 성장 및 인플레이션에 대한 최신 데이터를 얻으려면 다음의 신뢰할 수 있는 출처를 참조하라고 했다.

1. 경제 성장 데이터는 미국 경제분석국(BEA) 웹사이트(www.bea.gov)를 확인하십시오. 그들은 정기적으로 GDP 성장 및 기타 관련 경제 지표에 대한 보고서를 발표합니다.
2. 인플레이션 데이터는 미국 노동통계국(BLS) 웹사이트(www.bls.gov)를 참조하십시오. 그들은 소비자 물가 지수(CPI) 및 기타 인플레이션 관련 통계를 정기적으로 게시합니다.
3. 또한 Bloomberg, CNBC 또는 The Wall Street Journal과 같은 금융 뉴스 소스에서 업데이트된 경제 데이터 및 분석을 찾을 수 있습니다. 이러한 출처는 종종 미국의 성장률 및 인플레이션율에 영향을 미칠 수 있는 경제 지표 및 이벤트에 대한 시기 적절한 범위를 제공합니다.

독자들이 챗GPT4를 활용해서 경제, 금융, 투자 등의 영역에서 통찰력을 얻는다면, 구글의 바드처럼 작동하지 않는다. 경제, 금융, 투자 등의 영역의 현재 데이터를 가지고 무언가를 분석하고 다양한 추론 모델을 제시받으려면, 구글의 '바드'를 사용하는 것이 좋다. 챗GPT는 아직은 그런 능력이 없다.

다만 챗GPT는 순식간에 내가 알고 있어야 할 기초 지식을 가르쳐준다. 예를 들어 경제, 금융, 투자 통찰력을 얻는 데 필요한 기초적인 개념, 이론, 용어 등을 빠르게 학습할 수 있게 해준다. 이런 기능은 투자 초보자나 일반 투자자에게 모두 유익하다.

그리고 챗GPT는 다음과 같은 질문을 던지면, 기본적인 개념과 설명을 얻을 수 있다. "미국의 기준금리가 1년 동안 5%포인트 상승했다. 그 영향으로 경제성장률이 매달 하락했다. 현재 경제 성장률은 0.9%까지 낮아졌다. 월간 소매 판매는 격월 주기로 상승과 하락을 반복 중이다. 제조업 PMI는 8개월은 하락을 지속했지만, 최근 4개월은 반등을 했다. 하지만 제조업 PMI 여전히 50 미만이다. 이런 지표들을 종합하면, 현재 경제 상황을 어떻게 이해해야 하는가?" 필자의 질문에 챗GPT는 다음과 같이 대답했다.

"제공된 정보에 따르면 현재 경제 상황은 침체를 겪고 있거나 경기 침체의 초기 단계일 가능성이 있는 것으로 보입니다. 다음은 지표의 분석과 경제에 미치는 영향입니다.

1. 기준금리: 지난 1년간 기준금리가 5%포인트 상승한 것은 중앙은행이 긴축 통화정책을 펼치고 있음을 보여줍니다. 이는 인플레이션, 과열 또는 금융 안정성에 대한 우려 때문일 수 있습니다. 높은 이자율은 차입 비용을 증가시키는 경향이 있으며, 이는 소비자 지출과 기업 투자를 감소시켜 경제 성장 둔화에 기여할 수 있습니다.

2. 경제 성장률: 현재 경제 성장률 0.9%는 특히 지난 몇 달간 지속적인 성장률 하락을 감안할 때 상대적으로 낮은 수준입니다. 이는 경제가 둔화되고 있으며 성장이 계속 둔화될 경우 침체 또는 불황에 빠질 위험이 있음을 나타냅니다.

3. 소매 판매: 매월 소매 판매의 격월 변동은 소비자 지출이 불안정하거나 일관성이 없을 수 있음을 보여줍니다. 이는 높은 이자율, 소비자 신뢰 감소 또는 기타 경제적 불확실성과 같은 요인 때문일 수 있습니다. 소비자 지출이 GDP의 중요한 구성 요소이기 때문에 불안정한 소비자 지출 패턴은 경제 성장 둔화에 기여할 수 있습니다.

4. 제조업 PMI: 제조업 부문의 건전성을 측정하는 제조업 PMI는 몇 달 동안 50 미만이었습니다. 50 미만의 PMI는 일반적으로 해당 부문의 위축을 나타내며, 이는 수요 약화, 공급망 중단 또는 제조업체가 직면한 기타 문제의 신호일 수

있습니다. 최근 PMI의 반등은 여전히 50 미만이지만 해당 부문의 일부 개선 또는 안정화를 나타낼 수 있지만 이러한 추세가 계속될지 여부를 말하기에는 너무 이릅니다.

이러한 지표들을 종합하면 현재 경제 상황은 성장 둔화, 불안정한 소비 지출, 제조업 부진 등으로 보입니다. 상승하는 기준 금리는 차입 비용을 증가시키고 수요를 약화시킴으로써 이러한 문제에 기여할 수 있습니다."

필자는 동일한 질문을 마이크로소프트 '빙'에게 물어보았다. 빙은 미국 경제 지표, 미국, 연방준비은행의 2023년 경제전망, 미국 경제성장률 하락 원인 등을 검색하여 아래처럼 대답했다.

"미국의 경제 성장률 하락 원인은 다양한 요인이 있습니다. 최근에는 코로나19로 인한 경제적 충격과 인플레이션 등이 그 원인 중 하나입니다. 미국 경제 전문가들은 오미크론 바이러스 확산, 노동력 부족, 인플레이션 등의 이슈로 인해 2023년 미국 경제 성장률이 0.5%로 예상하고 있습니다. 미국 경제 지표들을 종합해보면 제조업 PMI는 최근 4개월 반등을 했지만 여전히 50 미만입니다. 또한 월간 소매 판매는 격월 주기로 상승과 하락을 반복 중입니다. 이러한 지표들을 종합하면, 현재 미국 경제 상황은 여전히 불확실하다는 것을 알 수 있습니다."

빙의 답변을 보면, 최근의 자료를 반영하는 것은 좋았지만, 깊은 통찰력은 없어 보인다. 하지만 검색엔진의 특성상 '추가 질문' 혹은 '연관 질문'을 자동 생성해준다. 빙은 압축된 대답을 해주면서, 해당 대답을 추출한 '인터넷 사이트 링크'를 같이 제공한다. 결국 빙의 장점은 내가 원하는 데이터에 접근하는 속도를 빠르게 해준다는 것이다.

필자가 챗GPT, 구글 바드, 빙으로 투자 예측을 실험해본 결과를 종합해보면, 이렇게 활용하면 좋을 듯하다. 오픈AI의 챗GPT를 통해 기본적인 연구 및 탐색 가이드 라인을 제공받고, 경제, 금융, 투자 개념, 이론 등을 빠르게 학습한다. 빙챗을 통해서는 분석해야 할 실시간 데이터에 접근하는 속도를 높여서 자료를 찾는 시간을 줄인다. 예를 들어 현재 미국의 소비자 물가, 미국의 장단기 국채 금리 차이(수치를 알려주거나 그래프가 있는 사이트를 알려줌) 등을 물어볼 수 있다. 특정 주식과 관련된 최근 동향을 설명을 해 달라고 할 수 있다.

필자가 앞에서 소개했던 선택지 게임을 경제, 금융, 투자 통찰력을 얻는 데 활용할 수도 있다. 챗GPT, 빙, 구글 바드에게 미래의 모든 선택지를 생각해 달라고 명령해보는 것이다. 제시해준 선택지 몇 개를 더 심층적으로 질문하면서 파고들어갈 수도 있다. 최소 500~1,000자 이상으로 해 달라는 명령을 하면 챗GPT는 깊은 대답을 해준다. 원하는 선택지가 빠질 경우 직접 입력을 해서 선택지에 넣어 달라고 명령해도 된다. 이런 과정을 반복하는 것만으로 선택 가능한 모든 선택지들을 빠르게 검토할 수 있다. 각 선택지마다 예상되는 결과들도 대답해준다.

이런 것들을 하나씩 검토하고, 중요한 몇 가지를 골라서 구글의 바드에게 기본적인 평가와 예측 모델을 제안받을 수 있다. 그렇지만, 이런 과정을 전부 거치더라도 당신이 원하는 전망이나 통찰력을 완벽하게 얻을 수 없다.

어떤 독자들은 이 정도밖에 해줄 수 없는 것에 상당한 불만을 가질 수 있다. 하지만 필자는 다르게 생각한다. "이 정도면 어디냐?"라는 생각이다. 필자는 챗GPT, 빙챗, 구글 바드 등의 생성형 AI들이 주는 최대의 유익은 반복적이거나 단순한 리서치 작업에 들어가는 시간을 '획기적'으로 줄여주는 것이라고 생각한다. 그만큼 남는 시간을 경제, 금융, 투자 영역에서 인간 스스로의 분석과 통찰력에 집중할 수 있기 때문이다. 즉 단순한 작업은 챗GPT, 빙챗, 구글 바드 등의 생성형 AI들에게 맡기고, 가장 중요한 영역에 당신의 시간과 지적 노동을 집중할 수 있다.

참고로 오픈AI에 따르면, 향후 버전에서는 챗GPT가 박사 수준을 넘어서는 대답도 하고, 사용자의 질문에 다이어그램(도표)으로도 대답을 해줄 수 있을 것이라고 한다.* 이런 기능이 추가로 탑재된다면 찾은 지표들을 챗GPT, 빙챗, 구글 바드 등의 생성형 AI에게 집어넣어서 비교, 분석, 패턴 찾기 등의 이익까지 얻을 수 있을 것이다. 물론, 가끔 계산을 실수하거나 잘못된 자료를 검색해서 말해준다는 것도 잊지 말라. 그래서 비판적 사고가 반드시 필요하다.

AI 로봇어드바이저와 연결된 챗GPT를 사용하는 것도 방법이다. 로봇어드바이저가 추천해주는 종목들이나 유망하다고 판단하는 섹터들에 대해서 챗GPT에게 추가 정보를 물어볼 수 있다. 금융투자업계에서는 AI 기술을 활용한 투자 자문 서비스를 확대하고 있다. 이런 서비스에 챗GPT가 탑재된다. 업계 전문가는 "인공지능 로봇어드바이저는 재무 정보나 시세 정보, 뉴스나 공시에서 나오는 일반적인 비정형 데이터들, 앞으로 계속 데이터화되고 있는 정보들을 수집하면서 이 종목이 가치적으로 얼마나 좋은지, 가격적으로 과열돼 있거나 공포 국면에 들어간 것은 아닌지 학습한다. 그래서 의사 결정을 통해 가격적으로 매력 있고, 가치적으로 안정적인 종목으로 리밸런싱을 도와 준다."라고 소개했다. 초보 투자자들에게는 종목 선택이라

* 이데일리, 2023.03.24. 김현아, "GPT4 다음 버전에선 답변으로 '도표'받는 것 가능"

든지 비중 조절이 어렵다. 로봇어드바이저는는 개인이 원하는 투자 목표, 투자 방법론을 선택하면 포트폴리오를 제안해준다. 이런 기능이 있는 로봇어드바이저에 챗GPT가 연동되는 분위기다.*

챗GPT4부터 제공하는 '플러그인'을 사용하는 것도 괜찮다. 챗GPT가 실시간 자료를 검색하지 못한다는 단점을 보완하는 플러그인부터 챗GPT의 장점을 극대화하는 플러그인들이 계속 개발되고 있다. 플러그인 덕택에, 챗GPT의 능력도 자고 나면 쑥쑥 늘어나는 중이다. 사용자가 챗GPT 플러그인을 설치하면, 챗GPT가 대답하지 못하는 것을 연동된 앱에서 끌어와 대답한다.

예를 들어 챗GPT에 인스타카트라는 플러그인을 설치하면, 특정 요리법 추천을 받고 관련 재료를 채팅창에서 자동 주문할 수 있다. 챗GPT에 익스피디아같은 여행 앱을 플러그인 기능으로 추가하고 채팅창에서 "제주도로 가족여행을 3박 4일로 떠날 거다. 서귀포 근처에서 3인 가족이 머무를 적절한 호텔을 추천해 달라."라고 물으면 챗GPT가 익스피디아 앱을 호출하여 적절한 호텔을 찾고 예약까지 도와주는 식이다.** 앞으로 경제, 금융, 투자 영역에서도 챗GPT 플러그인을 적용한 사용 사례가 속속 나올 것이다.

---

* 한국경제TV, 2023.03.29. 박찬휘, "챗GPT가 주식까지?…다시 뜨는 'AI 매니저'"

** ZDNET Korea, 2023.03.29. 김미정, "인터넷 접속한 챗GPT 플러그인 '보안 강화 시급'"

Part 3

챗GPT 있는 환경에서 자란 아이가 살아갈 미래

챗GPT 사용으로 배우는 방식을 바꾼 학생

2023년 3월, 마이크로소프트가 발표한 논문을 보면 "챗GPT에 적용된 GPT4 최신 기술이 수학, 코딩, 의학, 법, 심리학 등의 분야에서 새롭고 어려운 임무를 해결하면서 인간 수준의 성과를 보여줬다."라고 기록되었다. 매사추세츠공과대[MIT] 연구진은 대졸자가 맡는 444개 일자리(정부부처, 마케터, 컨설턴트, 인력 전문가 등)에서 챗GPT를 활용하면 동일한 업무를 평균 10분 일찍 끝내고, 결과물도 더 우수했다고 평가했다.[*] 두 가지 사례가 의미하는 바가 있다.

---

* 매경이코노미, 2023.03.29. 진욱, "챗GPT로 없어질 직업 1순위는 회계사…다음은?"

교육의 패러다임도 바뀌어야 한다는 것이다.

과거, 필자는 인공지능과 로봇이 가득하고, 가상세계가 무한 확장되고, 과거의 지식과 기술이 인터넷에 가득 저장된 미래가 오면 학습 방식, 교사의 역할, 교육 커리큘럼, 대학의 역할 등 교육 환경 전반에 어떤 변화가 올 것인지에 대한 미래 시나리오를 발표한 바 있다.

예를 들어 학생들이 학습하는 방식은 어떻게 바뀔까? 필자는 세 가지의 중요한 변화를 예측했다. 첫째, 첨단 기술을 기반으로 전 지구가 하나로 연결된 학습 환경이 되고 가상과 현실이 통합된 플랫폼과 초거대 인공지능의 도움을 받으면, 학생들은 스스로 자기 조직적이고 자기 주도적인 학습과정 설계와 운영을 할 것이라고 예측했다. 둘째, 초거대 인공지능의 코칭으로 인간의 무한한 호기심이 폭발하며 빅퀘스천(위대한 질문: 인간과 우주에 대한 근본적 질문)을 던지며 정해진 답에서 벗어나 자유로운 탐구와 지식의 확장이 활발해질 것이라고 예측했다. 셋째, 학습 현장에서 초거대 인공지능, 로봇, 인간이 함께 협업하여, 지식, 실시간 정보, 과학기술, 사색과 지혜를 통합하여 인류의 문제를 찾아 해결하고, 우주를 보존하여 '더 나은 미래'를 만드는 학습 프로젝트를 수행는 학습 방식이 확대될 것이라고 예측했다.

아직 필자가 예측한 미래는 오지 않았다. 초연결 사회도 완성되지 않았고, 가상세계도 발전이 진행 중이다. 학습 현장에 로봇의 보급이 대중화되지 않았다. 필자가 예측한 교육 패러다임의 빅체인지도 현실이 되려면 시간이 더 필요하다.

하지만 아주 먼 미래도 아니고 불가능한 미래도 아니다. 챗GPT, 빙, 구글의 바드 등 초거대 인공지능 기술을 기반으로 한 생성형 AI 시대는 시작은 필자가 예측한 미래가 현실이 될 가능성이 충분하다는 미래 신호는 된다. 교육계의 특성상, 가장 빠르게 변화를 감지하는 대상은 학생과 학부모들이다. 그다음은 이들의 새로운 욕구를 빠르게 포착한 사교육 시장과 일부 교사들이다. 가장 늦게 변화를 선택하는 대상은 교육부다. 필자는 챗GPT, 빙챗, 구글의 바드같은 생성형 AI가 가져다 준 학습 환경의 변화를 가장 먼저 포착하는 대상도 학생과 학부모라고 본다.

2023년 3월 14일, 미국 버지니아주 페어팩스시에 사는 고등학생 에밀리 오카시오는 차세대 과학자를 발굴하고 지원하는 '리제네론 과학경시대회'에서 챗GPT3를 활용해 살인 사건 관련 언론 보도를 분석한 프로젝트로 참여자 1,900명 중에서 2등을 수상하면서 17만 5,000달러의(약 2억 3.000만 원) 상금을 받았다.

오카시오는 1976~1984년까지 매사추세츠에서 발생한 살인 사건의 미 연방수사국FBI 데이터와 5000개가 넘는 기사 등을 수집했다. 그리고 챗GPT에게 분석을 명령했다. 결과는 놀라웠다. 범인의 인종, 성별, 연령 등에 따라 언론 보도 경향이 달라졌고, 범인이 흑인,

여성, 청년일수록 부정적으로 묘사되었다. 예를 들어 미국 언론은 18세 미만의 젊은 흑인 남성을 백인 남성보다 악의적으로 보도한 사례가 30% 더 높았다. 18~29세 사이의 흑인 여성의 경우, 백인 여성보다 악랄하게 묘사될 가능성이 23% 높았다. 고등학생에 불과한 학생이 챗GPT를 통해 새로운 사회과학 방법론을 제시한 셈이다.*

필자는 챗GPT에게 이렇게 질문했다. "네가 학생이라고 생각하고 대답을 해보라. 학생들이 챗GPT를 사용하면, 새로운 공부법을 터득할 것 같다. 그것이 무엇일까?" 챗GPT는 즉각 대답을 해주었다.

"제가 챗GPT를 사용하는 학생이라고 상상한다면 다음과 같은 측면을 중심으로 하는 새로운 학습 방법을 상상할 수 있습니다.

1. 대화형 학습: 챗GPT는 학생들이 대화식으로 질문하고, 설명을 찾고, 주제에 대해 토론함으로써 대화형 학습에 참여할 수 있도록 합니다. 이 역동적인 학습 과정은 학생들이 정보를 더 잘 이해하고 유지하는 데 도움이 될 수 있습니다.

* 중앙일보, 2023.03.16. 한예슬, "챗GPT로 살인사건 기사 분석…美고교생이 밝힌 놀라운 결과"

2. 맞춤형 지원: 챗GPT는 개별 학습 요구, 스타일 및 선호도에 맞는 맞춤형 지원을 제공할 수 있습니다. 학생들은 제대로 이해하기 위해 저마다 특정한 질문을 하거나 어려움을 겪고 있는 특정 영역에 대한 지침을 구할 수 있습니다.

3. 정보에 대한 빠른 액세스: 챗GPT는 방대한 양의 지식에 대한 즉각적인 액세스를 제공하여 학생들이 학습과 관련된 답변, 설명 또는 리소스를 빠르게 찾을 수 있도록 도와줍니다.

4. 비판적 사고 강화: 학생들은 챗GPT를 사용하여 주제에 대한 자신의 이해에 도전하고 대안적 관점을 탐색하거나 새로운 아이디어를 생성할 수 있습니다. 이러한 방식으로 AI 언어 모델을 사용하면 비판적 사고와 문제 해결 능력을 키울 수 있습니다.

5. 강화 및 연습: 챗GPT는 학습을 강화하고 새로 습득한 기술을 연습하는 도구로 사용할 수 있습니다. 예를 들어 학생들은 AI를 사용하여 연습 문제를 생성하거나 읽기 자료를 요약하거나 개념에 대한 이해도를 테스트할 수 있습니다.

6. 자기 주도 학습: 챗GPT를 통해 학생들은 복잡한 주제를 이해하거나 특정 개념에 대한 추가 설명을 찾는 데 필요한 만큼 시간을 들여 자신의 속도로 학습할 수 있습니다.

7. 협업 및 동료 학습: 학생들은 챗GPT를 사용하여 그룹 프

로젝트에서 협업하거나 동료들과 토론을 촉진하여 서로에게서 배우고 주제에 대한 이해를 높일 수 있습니다.

요약하면 학생으로서 챗GPT를 사용하면 비판적 사고, 강화 및 협업을 촉진하는 동시에 상호 작용적이고 개인화되고 자기 주도적인 새로운 학습 방식으로 이어질 수 있습니다."

2023년 3월 9일, 국제학술지 《인지행동발달》에 미국 콩코르디아 대학 엘리자베스 바우만 심리학과 교수팀이 3세와 5세 아이들에게 실험한 연구 결과 하나가 게재되었다. 먼저 연구팀은 아이들이 잘고 있는 사물들에 로봇 선생님이 이름표를 정확히 붙이는 '똑똑함'을 연출했다. 반면 인간 선생님은 의도적으로 잘못된 이름표를 붙이는 방식으로 '무능함'을 연출했다. 연구팀은 3세와 5세 아이들이 이 광경(로봇 선생님은 똑똑했고, 인간 선생님은 무능했던 상황)을 지켜보도록 했다.

두 번째 작업으로, 연구팀은 아이들에게 처음 보는 물건에 이름표를 붙이는 작업을 하게 했다. 아이들은 칠면조 요리에 사용되는 도구인 바스터와 실리콘 머핀 용기 등 생소한 물건에 미도, 토마, 펩과 같은 엉뚱한 이름표를 붙였다. 아이들이 이름표를 붙이는 작업을 끝낸 후, 연구팀은 로봇 선생님과 인간 선생님 모두에게 잘못된 이름표를 붙이게 했다. 이번에도 역시 3세와 5세 아이들에게 로봇 선생님과 '인간 선생님이 이름표를 붙이는 광경을 관찰하게 했다.

아이들의 관찰이 끝난 후, 연구팀은 아이들에게 각 사물의 이름을 물었다. 결과는 놀라웠다. 3세와 5세 아이들 모두, 로봇 선생님이 붙인 잘못된 이름표에 따라 사물의 이름을 기억했다. 첫 번째 작업에서, 아이들이 아는 사물에 정확한 정답을 맞혔던 로봇 선생님을 인간 선생님보다 신뢰한 것이다.

연구팀은 이러한 경향이 3세보다 5세 아이들에게서 더 강하게 나타났다고 분석했다. 연구팀이 내린 결론이 매우 흥미로웠다. "아이들이 무언가를 배울 사람을 택할 때는 능력을 가장 중요시한다. 아이들은 로봇이 자신과 같은 인간이 아니라는 것을 알면서도 (무능한 인간 선생님보다) 똑똑한 로봇에게 배우는 것을 선택했다." 연구팀이 내린 결론은 어린아이들도 교육자를 선택할 때 자신과의 유사성이나 사회적 유대감보다 '능력'을 더 중요하게 여긴다는 것이었다.*

챗GPT, 빙챗, 구글의 바드 등 생성형 AI는 가끔 잘못된 대답을 하거나 환각hallucination 현상 등의 약점이 분명하다. 환각 현상은 챗GPT가 틀린 답변을 정답처럼 우기는 현상을 가리킨다. 필자는 챗

* 동아사이언스, 2023.03.29. 박정연, "어린이, 무능한 인간보다 유능한 로봇 따른다"밝힌 놀라운 결과"

GPT에게 "너에게 나타나는 환각 현상이 무엇인줄 아니?"라고 물었다. 그랬더니, 챗GPT는 아래 대답처럼 자기를 사용할 때 나타나는 환각 현상에 대해서 설명하고 그것이 발생하는 이유도 알려주었다.

"챗GPT 맥락에서 환각은 AI 언어 모델이 정확한 정보 또는 사실에 기반하지 않거나 사용자가 제공한 입력과 관련 없는 출력을 생성하는 경우를 말합니다. 이러한 결과는 완전히 허구이거나 무의미하거나 현실과 모순될 수 있습니다. 환각은 챗GPT와 같은 AI 언어 모델의 알려진 한계입니다.

환각이 발생할 수 있는 몇 가지 이유가 있습니다.

1. 교육 데이터 제한: 챗GPT와 같은 AI 언어 모델은 오류, 편향 또는 불일치가 포함될 수 있는 방대한 양의 텍스트 데이터에 대해 교육됩니다. 모델은 응답에서 이러한 부정확성을 학습하고 재현할 수 있습니다.

2. 컨텍스트에 대한 불완전한 이해: 챗GPT는 일관된 텍스트를 이해하고 생성할 수 있지만 사용자 입력의 전체 컨텍스트 또는 특정 주제의 뉘앙스를 항상 파악하지는 못할 수 있습니다. 이는 그럴듯해 보이지만 실제로는 부정확하거나 관련이 없는 응답으로 이어질 수 있습니다.

3. 사용자 입력의 모호성: 사용자 입력이 모호하거나 불분명한 경우 AI 모델은 최선의 추측을 기반으로 응답을 생성할 수 있으며 이로 인해 환각 정보 출력이 발생할 수 있습니다.

4. 일관성을 위한 과도한 최적화: 챗GPT와 같은 AI 모델은 일관성 있고 매력적인 텍스트를 생성하도록 설계되었으며 때로는 정확성보다 유창한 언어를 우선시합니다. 이는 합리적으로 들리지만 실제로는 정확하지 않거나 입력과 관련이 없는 응답으로 이어질 수 있습니다.

연구원과 엔지니어는 다양한 애플리케이션에서 이러한 모델을 보다 안정적이고 유용하게 만드는 것을 목표로 챗GPT와 같은 AI 언어 모델을 개선하기 위해 계속 노력하고 있습니다."

필자는 "네가 학생이라고 생각할 때, 챗GPT의 환각 현상을 피할 수 있는 방법을 알려줘."라고 질문했고 챗GPT는 다음과 같이 대답했다.

"AI 언어 모델로서 전통적인 의미의 학생이 될 수 없습니다. 그러나 학생들이 챗GPT와 같은 AI 시스템에서 생성된 환각 정보에 의존할 위험을 최소화할 수 있는 방법에 대해 몇 가지 조언을 드릴 수 있습니다.

1. 정보 확인: 챗GPT를 학습 리소스로 사용할 때 제공된 정보를 교과서, 학술 논문 또는 평판이 좋은 웹사이트와 같은 신뢰할 수 있는 출처와 항상 상호 참조하십시오. 이렇게 하면 정보의 정확성을 보장하고 환각 콘텐츠에 속을 가능성을 줄일 수 있습니다.
2. 구체적인 질문: 질문을 하거나 정보를 찾을 때 잠재적인 오해나 모호함을 피하기 위해 가능한 한 구체적이고 명확하게 하십시오. 이렇게 하면 환각적이거나 관련 없는 반응을 받을 가능성을 줄이는 데 도움이 될 수 있습니다.
3. 여러 소스 사용: 챗GPT에만 의존하기보다는 학습 및 연구를 위해 다양한 소스에 의존하세요. 이를 통해 주제에 대한 보다 포괄적인 이해를 보장하고 AI 생성 응답의 불일치 또는 부정확성을 식별하는 데 도움이 될 수 있습니다.
4. 비판적 사고 능력 개발: 챗GPT에서 제공하는 정보를 비판적으로 평가하고 분석하는 능력을 기릅니다. 응답이 논리

적이고 일관되며 다른 알려진 사실 또는 확립된 지식과 일치하는지 평가합니다.

5. 설명 요청: 응답이 불분명하거나 불완전하거나 모순되는 경우 추가 설명을 요청하거나 제공된 정보가 정확하고 관련성이 있는지 확인하는 데 도움이 되도록 질문을 바꿔 말하십시오.

6. AI 한계에 대한 최신 정보 유지: 챗GPT와 같은 AI 시스템의 한계를 인식하면 학생들이 적절한 주의를 하며 제공하는 정보에 접근하는 데 도움이 될 수 있습니다.

이러한 지침을 따르면 학생들은 챗GPT와 같은 AI 시스템의 환각 정보에 의존하는 것과 관련된 위험을 줄이고 이러한 도구가 학습 및 연구에 제공할 수 있는 이점을 최대한 활용할 수 있습니다."

필자의 생각은 이렇다. 챗GPT3.5 버전에서 챗GPT4 버전으로 업그레이드가 되어도 환각 현상은 해결되지 않았다. 필자의 예측으로는 당분간 생성형 AI가 환각 현상에서 완전히 벗어나는 것은 어렵다. 챗GPT가 가지고 있는 환각 현상이라는 단점은 위에서 챗GPT가 가르쳐준 방법대로 사용자 인간이 스스로 피하고 조심하는 것이 더 빠르다(사실 인간도 챗GPT처럼 잘못된 추론을 우기는 환각 현상을 종종 보이지 않는가!).

중요한 것은 이것이다. 챗GPT가 환각 현상이라는 단점을 극복하지 못해도, 챗GPT는 일반적인 인간보다 모든 분야에서 더 많은 정보와 더 정확한 지식을 순식간에 대답해준다. 분명 똑똑하다. 다시 언급하지만 챗GPT4는 수학, 코딩, 의학, 법, 심리학 등의 분야에서 새롭고 어려운 임무를 해결하면서 인간 수준의 성과를 보여준다. 대졸자가 맡는 444개 일자리(정부부처, 마케터, 컨설턴트, 인력 전문가 등)에서도 평균 10분 일찍 업무를 끝내게 도와주고, 결과물도 더 우수하게 만들어준다.

미국 노스웨스턴대 연구진은 "챗GPT로 작성한 의학 논문 초록 50편이 표절 검사 프로그램을 모두 통과하고, 의학 전문가들마저 제출된 초록의 32%를 걸러내지 못했다."라는 연구 결과도 발표했다.* 챗GPT의 똑똑함은 의학 전문가, 법학 전문가, 과학 전문가들의 눈과 뇌마저 속일 정도다.

챗GPT, 빙챗, 구글의 바드 등의 생성형 AI는 분명히 똑똑하다. 어른들이 챗GPT 같은 생성형 AI가 쓸모가 있느냐 없느냐, 정확하냐 그렇지 않느냐, 거짓말을 하느냐 마느냐를 따지고 있을 때, 아

* 경향신문, 2023.02.25. 김은성. "'진실과 환각 사이' 챗GPT…정보 선별은 결국 '인간 몫'"

이들은 챗GPT의 똑똑함에 주목했다. 그리고 미국 고등학생 에밀리 오카시오처럼 아주 똑똑하게 사용하기 시작했다. 챗GPT로 글짓기, 코딩을 하고, 언어 공부도 한다.

영어 빅데이터를 학습한 챗GPT는 영어 학습 도구로 탁월하다. 영어로 좋은 문장도 추천해주고, 문법도 고쳐준다. 서로 영어로 주고받으며 회화 공부도 할 수 있다. 이런 상황에서는 영어로 어떻게 말해야 하는지도 편하게 알려준다. 챗GPT는 그림과 음악 등 예술적 영역에서도 높은 수준의 독창성을 갖추고 있어서 학생들의 창작을 도와준다.

정승익 서울사이버대 겸임교수는 "GPT를 잘 활용한다면 혼자서 개발자, 디자이너, 컨설턴트, 마케터 등 여러 일을 하며 1인 기업 유니콘을 탄생시킬 수도 있다."라고 했다.* 눈치가 빠른 학생들은 챗GPT로 할 수 있는 일이 무궁무진하다는 것을 알아차렸다.

챗GPT 개발사인 오픈AI는 GPT를 3.5버전에서 4버전으로 업그레이드하면서 성능 안정성을 확보하기 위해 약 50명의 AI전문가에게 6개월 정도 자문을 받았다. 그 결과, GPT4는 의료 등 전문적인 질문에 대해 3.5버전보다 29% 더 정확한 답을 제공하고, 비윤리적인 질문에 응답할 가능성도 82% 더 줄었다. GPT4는 미국

---

* 연합뉴스, 2023.04.01. 임성호, "글만 잘 짓는 게 아니네…챗GPT 활용법은 무궁무진"

식 수능 SAT에서 1300점(1600점 만점)을 받았고, 고등과정 생물학, 심리학, 통계학, 역사 시험 등에서 5점(5점 만점)을 받을 정도로 똑똑해졌다.

GPT4는 시인이 활용하는 비유법, 감탄사 등을 사용하고 단어를 다채롭게 사용하면서 뛰어난 수준의 시 작품을 완성한다. 이 정도면 학교 숙제를 대신시거나 논문을 대필해줄 수 있다. 그러자 전 세계 학교에서 '표절' 비상이 걸렸고, 상당수의 학교와 선생님들이 챗GPT 사용을 금지했다.

홍콩대학은 "대학 내 모든 수업, 과제 및 평가에 챗GPT 또는 다른 AI 도구를 사용해서는 안 된다. 학생이 사전에 해당 수업 교사에게 서면 동의(허가)를 얻지 않는 한 학교 측은 이를 표절로 취급하겠다."라고 선언했다.* 챗GPT를 사용할 수 없도록 구술시험과 그룹평가를 늘리는 학교도 생겼다. 국내의 한 대학에서 교양과목 작문 수업에서 챗GPT 대필이 의심되는 과제를 '0점' 처리한 사례로 나타났다. 또 다른 국내 대학에서는 개강 첫날 챗GPT를 사용해서 표절을 하지 않겠다는 서약서를 받는 일도 벌어졌다.**

---

* 머니투데이, 2023.02.20. 홍효진, "전 세계 대학 '표절' 비상…홍콩대 "챗GPT 쓰지마" AI 금지령"

** 동아일보, 2023.3.29. 이승우, "연세대 '챗GPT 대필의심' 과제 0점 처리… 작문 과제, 필기로 전환"

필자는 이런 대응은 단기적이고 임시 처방에 불과할 것이라고 생각한다. 결국 학교와 교사들은 챗GPT를 사용하는 학생들의 '발칙한 도전'에 항복을 해야 할 것이다. 2023년 3월 22일, 과거 "챗GPT가 만든 텍스트와 그림 등을 논문에 사용할 수 없다."라며 가장 강경한 입장을 취했던 국제학술지 《사이언스》가 "일부 과학계가 챗GPT를 포함한 AI 사용을 허용함에 따라 사이언스에서 출판하는 저널들도 정책을 완화할 수 있다."라며 입장 선회 가능성을 표명했다.* 펜실베이니아대 와튼스쿨에서도 일부 교들을 중심으로 강의계획서에 AI 정책을 도입해 학생에게 챗GPT를 의무적으로 사용토록 할 것이라고 선언했다.

막을 수 없다면, 올바로 사용하도록 가르치고, 세상의 변화에 적응하는 법을 가르치고, 챗GPT의 장점을 활용해서 학습 수준을 더 높이는 쪽으로 가겠다는 의미다.

* 조선비즈, 2023.02.27. 홍아름, "'사이언스'도 결국 허용 검토…챗GPT 활용 연구계 '대세'되나"

챗GPT 사용으로 가르치는 방식을 바꾼 교사

한국에서도 챗GPT를 교육에 활용하려는 움직임이 일어나고 있다. 이경전 경희대 경영학·빅데이터응용학과 교수는 올해부터 '오픈 챗GPT 시험'을 도입한다고 밝혔다. 이경전 교수는 "인간의 능력을 보조하는 도구로 챗GPT의 정보를 검증하고 사용자가 책임지는 능력을 길러야 한다. 챗GPT 등의 도구를 활용해 인류에 긍정적 영향을 주는 올바르고 참신한 논문을 쓰는지가 중요하다."라고 강조했다. 그리고 "학계는 챗GPT가 풀 수 없는 내용의 문제나 과제를 내면 된다."라고 말했다.*

서울대 인문대 종교학과에서도 '챗GPT에 무엇을 어떻게 질문할 것인가'를 다루는 강의를 새로 편성했다. 해당 수업을 진행하는 교수는 "종교학의 핵심인 '묻고 답하기' 과정을 챗GPT를 통해 잘 구현할 수 있다. 챗GPT를 활용해 삶에 대해 깊이 성찰하고 한 걸음 더 나아간 사유를 할 수 있도록 유도할 것"이라고 말했다. 경희대에서도 통·번역 수업에서 챗GPT와 학생의 번역 결과를 비교하며 문법을 교정하는 강의 방식을 도입했다.**

서울대학교도 챗GPT를 활용한 반도체 설계 과정을 만들었다. 서울대는 이 과정을 만든 목적으로 "시스템반도체 설계에도 비전공자가 챗GPT를 활용해서 짧은 시간에 코딩을 배우고 회로설계에 익숙해질 수 있도록 하는 것"이라고 밝혔다. 서울대와 산학협동으로 이 과정을 지원하는 한국팹리스산업협회도 "챗GPT 도움으로 교안을 만들고 초심자에게도 흥미 있는 코딩 주제를 AI 툴을 사용해 손쉽게 제작함으로써 반도체 설계 지식이 전무한 비전공자도 쉽게 이해할 수 있게 했다. 수준 높은 반도체 코딩 스타일을 경험

* 경향신문, 2023.02.25. 김은성, "'진실과 환각 사이' 챗GPT…정보 선별은 결국 '인간 몫'"

** 동아일보, 2023.3.29. 이승우, "연세대 '챗GPT 대필의심' 과제 0점 처리… 작문 과제, 필기로 전환"

하고 FPGA 실습까지 경험할 수 있게 할 것"이라고 밝혔다.*

필자는 초거대 인공지능과 로봇이 가득하고, 가상세계가 무한 확장되고, 과거의 지식과 기술이 인터넷에 가득 저장된 미래가 오면 교사의 역할도 크게 바뀔 것이라고 예측한다. 이런 시대가 오면, 미래 교사들은 단순하게 정보나 지식을 전달하는 역할에서 벗어난다. 대신 아이들의 생각, 정서, 진로, 인생을 코칭하거나 멘토(조언자)가 될 것이다.

지식의 전달자 역할을 초거대 인공지능에게 넘기고, 지식 탐구 안내자가 될 것이다. 호기심을 자극하고, 도전의식을 북돋우고, 학생의 내면 이야기를 들으며 동기를 부여하는 등을 하며 학생 스스로 문제를 찾고 탐구를 하는 것을 돕는 것이다.

교사는 인공지능, 학생, 사회, 기타 교육환경 사이의 중재자가 될 것이다. 학생이 스스로 더 나은 인생을 위한 배움의 주제를 선정하면, 인공지능이 학생의 학습 수준을 측정하여 단계별 학습 범위를 설정해주고, 학생은 그 안에서 질문과 탐구를 반복하며 성장해 나갈 것이다. 그리고 교사는 이런 학생들을 격려하고 지지해주는 역할을 맡게 될 것이다. 필자는 이런 시대가 오면 학교의 역할도 바

* ZDNET Korea, 2023.03.30. 방은주, "서울대에 챗GPT 활용 반도체 설계 과정 만들어진다"

뀔 것이라고 예측한다.

미래 학교는 학습에 도움을 주는 코치가 있는 물리적 공간이 되고, 직접 대면으로 세계적 수준의 지혜자를 만나는 곳이 된다. 미래의 학교는 지식 전달 공간이 아니다. 모든 지식과 기술의 습득은 초거대 인공지능 로봇과 상시 수업환경을 제공하는 온라인 교육 플랫폼에서 습득한다. 학교는 협업과 소통, 영감을 얻고, 개인적 집중과 몰입이 가능한 공간, 고차원 지식을 학생과 교사가 서로 교류하며 배움의 욕구를 촉진시키고, 프로젝트를 진행하는 공간이 될 것이다.

만약 이런 변화를 거부하는 학교가 있다면, 존재 의미를 상실해서 결국은 사라지게 될 것이다. 멀지 않은 미래에 이런 거대한 물결이 일어날 것이고, 선진국의 학교들은 이런 거대한 변화의 요구를 인구 감소가 가져다준 위기보다 더 큰 위기로 느끼게 될 것이다. 필자는 챗GPT에게도 비슷한 예측 질문을 던졌다. 챗GPT의 대답도 필자의 예측과 크게 다르지 않았다.

"챗GPT와 같은 생성 인공지능이 학교 교육에 완전히 통합되면 교사와 학교의 역할이 크게 바뀔 수 있습니다. 잠재적 변환에 대한 자세한 내용은 다음과 같습니다.

선생님들:

1. 학습 촉진자: 교사는 지식의 주요 원천에서 학생들이 AI 도구를 효과적으로 사용하도록 안내하는 촉진자가 될 수 있습니다. 그들은 학생들이 AI가 제공하는 풍부한 정보를 탐색하고 비판적 사고를 장려하며 학생들이 지식을 실제 상황에 적용하도록 지원할 것입니다.

2. 개인화된 학습 코치: AI의 도움으로 교사는 개별 학생의 강점, 약점 및 학습 스타일을 더 잘 식별할 수 있습니다. 그런 다음 개인화된 학습 계획을 만들어 각 학생의 고유한 요구 사항을 충족할 수 있는 대상 지원 및 리소스를 제공할 수 있습니다.

3. 소프트 스킬에 집중: AI가 특정 콘텐츠를 가르치는 작업을 수행함에 따라 교사는 커뮤니케이션, 협업, 문제 해결 및 감성 지능과 같은 학생들의 소프트 스킬을 육성하는 데 더 많은 시간을 할애할 수 있습니다. 이러한 기술은 21세기 인력에서 성공하는 데 필수적입니다.

4. 협업 및 프로젝트 기반 학습 촉진자: 학생들이 자신의 지식과 기술을 실제 문제에 적용하도록 장려하는 협업 프로젝트 기반 학습 활동에 더 중점을 두고, 종종 그 과정에서 AI를 도구로 사용합니다.

5. 실시간 평가 및 피드백: AI는 교사에게 학생 성과에 대한 실시간 데이터를 제공하여 진행 상황을 추적하고 어려운 영역을 식별하며 적시에 피드백과 개입을 할 수 있습니다.
6. 전문성 개발: 교사는 새로운 기술에 적응하고 기술과 지식을 지속적으로 업데이트하여 AI 발전에 최신 상태를 유지하고 교육 관행에 효과적으로 통합해야 합니다.

학교:
1. 혼합 학습 환경: 학교는 전통적인 교실 수업과 AI 기반 온라인 학습을 결합한 혼합 학습 모델을 채택하여 학생들이 자신의 속도에 맞춰 학습하고 더 광범위한 리소스에 대한 액세스를 제공할 수 있습니다.
2. 재정의된 학습 공간: 협업, 창의성 및 실습 학습을 장려하는 유연하고 기술 지원 학습 공간을 만드는 데 중점을 두고 학교의 물리적 레이아웃과 디자인이 변경될 수 있습니다.
3. 교육에 대한 접근성 확대: AI 기반 교육 플랫폼은 학교가 지리적 제한에 관계없이 양질의 교육 리소스에 대한 액세스를 제공하여 외딴 지역이나 서비스가 부족한 지역의 학생들에게 접근할 수 있도록 도울 수 있습니다.
4. 학제 간 학습에 대한 강조: 대학의 경우, 학제 간 학

습에 더 중점을 두어 다양한 분야 간의 협력을 촉진하고 학생들이 복잡한 실제 문제에 대한 보다 포괄적인 이해를 개발하도록 장려할 수 있습니다.

5. 평생 학습에 대한 관심 증가: 기술 변화의 속도가 빨라짐에 따라 대학은 평생 학습을 지원하기 위해 제공하는 내용을 조정하여 개인이 경력 전반에 걸쳐 자신의 기술과 지식을 지속적으로 업데이트할 수 있는 기회를 제공할 것입니다. 여기에는 더 짧고 유연한 과정, 온라인 학습 옵션 및 전문성 개발 프로그램이 포함될 수 있습니다.

6. AI 기반 교육 및 연구 통합: 대학은 데이터 분석, 연구 논문 초안 작성 또는 학생을 위한 개인화된 학습 경험 생성과 같은 작업을 지원하기 위해 챗GPT와 같은 생성 AI를 사용하여 교육 및 연구에서 AI 도구를 점점 더 활용할 수 있습니다.

챗GPT와 같은 생성적 AI를 교육에 통합하는 것은 큰 잠재력을 가지고 있지만, AI 기반 교육이 포괄적이며 책임감 있게 이루어지도록 데이터 프라이버시, 윤리적 문제 및 디지털 형평성과 같은 잠재적인 문제를 해결하는 것이 필수적입니다."

챗GPT 사용으로 사교육 시장을 바꾼 스타트업

"챗GPT는 우리가 가르치고 배우는 방식을 완전히 혁신할 수 있는 잠재력을 가지고 있다." 이는 오픈AI 최고기술책임자CTO 미라 머래이티가 한 말이다. 챗GPT 광풍에 가장 빨리 움직인 기업은 민간 사교육 회사였다. 공교육 기관이 혼란과 논쟁에 빠져 있을 때, 사교육 회사들은 거대한 흐름에 발 빠르게 올라탔다. 챗GPT 같은 생성형 AI가 가진 최고의 장점들은 극대화하고, 단점은 다른 기술이나 서비스로 보완을 해서 새로운 교육서비스를 앞다퉈 내놓았다.

2023년 3월 초, 세계적으로 유명한 비영리교육기관 칸아카데미는 GPT4를 탑재한 인공지능 과외교사 칸미고Khanmigo를 선보였다. 칸미고는 GPT4를 활용해서 보다 정교한 대화를 주고받으며 1:1 맞춤형으로 학생의 학습을 돕는다. 예를 들어 학생이 수학 질문을 올리고 즉각 해답을 요구하면, 칸미고는 스스로 문제를 푸는 방법을 배우는 것이 중요하다고 대답해준다. 그리고 문제 풀이 과정에 필요한 사고와 학습을 제안한다. 문제풀이 공식도 제안해주지만, 동시에 채팅창으로 학생의 학습동기를 북돋는 말도 건넨다. 친절한 개인 가정교사처럼 말이다.

칸아카데미 설립자 겸 최고경영자 살만 칸Salman Khan은 오픈AI 제안으로 GPT4 출시 이전부터 6개월간 칸미고를 개발했다. 살만 칸은 "칸미고는 '가상 소크라테스'처럼 행동할 것"이라며 "질문에 대한 답을 주는 것이 아니라 학생이 에세이를 쓸 수 있도록 방법을 가르쳐주는 좋은 교사처럼 행동할 것"이라고 말했다.*

국내 민간교육회사와 스타트업들도 발 빠르게 움직인다. 국내 대표적인 교육기업이며 에듀테크 회사인 웅진씽크빅은 자사의 메타버스와 교육 서비스 전반에 생성형 AI를 적용하기 위한 작업을 진행 중이다. 초등학생이 스마트러닝 서비스에 접속하면 챗GPT를

* 전자신문, 2023.03.26. 김명희, "GPT4 기반 튜터 '칸미고', 생성형 AI 활용 교육 미래상 제시"

탑재한 인공지능 가정교사가 반갑게 인사하고, 자연스런 대화를 진행하면서 지난 학습 진도 등을 확인하고 '오늘의 학습'을 추천한다. 웅진씽크빅은 챗GPT와 같은 생성형 AI 기술을 활용하면 학습자의 나이, 학습단계, 선호 등을 반영한 맞춤형 공부와 책 추천서비스를 제공할 수 있을 것이라고 본다.

챗GPT 등장 전에는 인간 기획자가 작성한 시나리오를 바탕으로 학습 및 독서 추천 서비스 등을 했다. 하지만 챗GPT는 학습자 데이터에 기반에서 부족한 내용을 자연스러운 대화를 통해 알아낼 수 있기 때문에 좀 더 정확한 추천이 가능해진다.

이재진 웅진씽크빅 CEO는 "챗GPT 같은 생성형 AI로 대답해줄 수 있는 다양한 NPC 캐릭터로 메타버스 공간에 생명력이 불어넣어지고 영역별 체험학습도 보다 다채로워질 수 있다."라고 말했다. 웅진씽크빅은 생성형AI가 독후활동 가이드, 원어민AI 자유대화를 통한 외국어 스피킹 학습, 작문 첨삭 지도 등 다양한 분야에서 학습의 질을 높일 것으로 예측했다.

교원그룹도 자사 인공지능 학습지 '아이캔두'에 챗GPT 서비스 도입을 추진 중이다. 챗GPT를 탑재한 가상교사가 학생이 학습 전후로 느끼는 궁금한 내용을 실시간으로 묻고 답할 수 있게 한다는 목표다.

에듀테크 스타트업 아이포트폴리오는 자사 영어교육 콘텐츠 기획뿐만 아니라, 자사 직원들의 사무 업무, 서비스 품질개선(QA), 마케팅, 사업관리(PM) 등에 챗GPT를 활용하고 있다. 소프트웨어(SW)교육 스타트업 엘리스와 팀스파르타오 등도 온라인 코딩 학습 과정에 챗GPT 등을 도입했다. 글쓰기·글첨삭 서비스 기업 투블럭에이아이는 생성형 AI이 대화나 글을 생성하는 과정에서 맥락을 정교하게 이해하여 최종 생성 결과를 향상할 수 있는 기술도 개발했다.*

필자는 기계와 인간이 자유로운 대화가 가능해지고 초연결 사회 환경이 구축되면, 인공지능 활용 개인 학습 패턴 예측 및 관리 플랫폼이 시장에 등장할 것으로 예측했다. 초거대 인공지능이 로봇이나 학생의 컴퓨터, 교실 내 각종 센서 등과 연결되어 학습자의 생체 정보, 학습 과정에서 발생하는 음성과 시선을 추적하여 학습자의 학습 경험(교실활동, 학습성과, 소그룹 참여, 토론 참여, 모바일 학습 등)을 실시간으로 분석한다.

초거대 인공지능은 실시간 자료를 분석하여 학생 개개인의 학습 데이터 프로파일을 작성한다. 이를 통해 학습 분석Learning Analytics의 고도화가 이루어지고, 학생 1:1 적응학습 커리큘럼 제시가 가능해진다. 당연히 학생 입장에서는 적응적 학습의 시대가 열린다.

* 전자신문, 2023.03.26. 김명희, "생성형 AI시대, 교육이 달라진다"

'적응적 학습Adaptive Learning'은 차별화된Differentiated, 개인화된Personalized, 개인적인Individualized이라는 의미다. 즉 기계와 인간이 자유로운 대화가 가능한 초거대 인공지능을 활용한 실시간 데이터 수집, 자동 응답, 학습자의 선택을 기반으로 한 개인화된 학습 서비스다.

인간과 자연어로 자유롭게 대화하는 챗GPT가 등장하면서 이런 미래도 멀지 않았다. 2023년 3월 16일, 'AI 스타트업 라운드테이블' 행사에서 AI 기반 영유아 및 노인 행동 분석 업체 플레이태그의 박현수 대표는 자사 서비스가 "유치원에 다니는 아이의 행동을 등원부터 인공지능이 분석합니다. 이를 통해 맞춤형 영유아 교육 서비스를 제공할 수 있습니다."라고 소개했다. 플레이태그는 자사 기술을 거동이 불편한 장애인이나 노인에게도 적용할 수 있다고 했다.*

서울대 인공지능 연구원장 장병탁 교수는 챗GPT 다음 기술은 보고 듣고 느끼고 말하는 모든 기능을 갖춘 '임바디드 인공지능embodied AI' 시대가 올 것이라고 예측했다. 장병탁 교수는 오랫동안 컴퓨터의 자연어 처리 기술을 연구해온 국내 AI 최고 전문가 중 한 사람이다. 장병탁 교수는 "챗GPT를 통해 질문을 많이 던져보면서 똑같은 시간에 더 많은 것을 공부할 수 있게 유도하는 효과가 있

* 한국경제, 2023.03.19. 김주완, "AI가 아이의 행동을 분석해 맞춤형 교육 콘텐츠 제공하죠"

다."라고 평가했다. 장 교수는 "오픈 AI의 챗GPT의 혁신은 기계 학습의 중간에 사람이 개입하거나 사람의 피드백을 이용해 강화 학습을 하도록 한 것이다."라고 분석하면서 "앞으로 검색 유저 인터페이스는 대화 형식으로 완전히 바뀔 것이다."라고 예측했다. 또한 "챗GPT 다음으로는 '임바디드 AI' 시대가 올 것으로 보고 있다. 챗GPT가 똑똑하지만 한계는 여전히 '글자 놀이'에 그치고 있다는 것이다. GPT4에 사진 인식 정도가 추가됐다. AI 로봇을 만들면 느끼는 촉감, 온도 등도 모두 데이터가 될 수 있다. 물리적인 세계와 합쳐지게 되는 것이다. 몸을 가지고 보고, 듣고, 느끼고, 말하는 AI를 만드는 데 주력하고 있다."라고 했다.

장병탁 교수에 따르면, 챗GPT, 빙챗, 구글의 바드같은 초거대 인공지능이 로봇과 연결되어 몸을 갖는 임바디드 인공지능으로 발전하면 텍스트만이 아닌 다양한 데이터를 학습할 수 있는 진정한 멀티모달 능력을 확보하게 된다. 그러면 텍스트 모델의 한계를 극복하게 된다.*

필자는 이런 기술의 등장도 멀지 않았다고 예측한다. 현대자동차가 인수한 미국 로봇기업 보스턴 다이내믹스의 대표작 '아틀라

* 문화일보, 2023.03.24. 김병채, "챗GPT 다음엔… 보고 듣고 느끼고 말하는 '임보디드 AI' 시대"

스'는 사람처럼 몸을 공중에서 회전해서 물건을 던지는 능력을 확보했다. 아틀라스는 사선으로 공중회전하며 땅에 착지를 할 수도 있다. 보스턴 다이내믹스가 유튜브에 올린 영상을 보면, 놀라운 수준의 균형능력과 보행 기술을 보여준다. 이런 로봇이 지금보다 몇 배, 몇 십배 발전한 챗GPT와 연결된다고 생각해보자. 사교육 시장에는 챗GPT 혁신을 능가하는 교육 대혁명이 일어날 것이다.

챗GPT 등장이 대입과 공교육에 미치는 영향

2023년 3월 30일, '챗GPT 인공지능 혁명과 경영정보학의 미래'를 주제로 열린 한 세미나에서 이경전 경희대 교수는 "AI역사는 챗GPT 이전과 이후로 나뉜다. 인터넷의 역사가 넷스케이프 이전과 이후로 나뉘는 것과 같다."라고 평가했다. 그리고 사용자 입장에서 본다면, 챗GPT 등장은 알파고 때보다 충격이 크고, 챗GPT와 같은 생성형 AI가 빅테크와 글로벌 기업의 판도에 대변혁을 가져올 것이라고 전망했다.

안현철 국민대 비즈니스IT전문대학원 교수는 '챗GPT를 활용한 대학 교육과 연구'를 주제를 발표하면서 "인공지능과 구별되는 인간 고유의 힘, 즉 창의적 질문 능력과 비판적 상상력, 타자를 향한 공감 능력이 우리에게 필요하다."라고 강조했다. 홍태호 부산대 경영학과 교수는 '지능형 디지털 금융과 신뢰가능한 인공지능'을 주제로 강연하면서 "오래전 내가 몇 년 걸려 한 일을 지금 GPT는 몇 초 만에 해결한다."라고 이야기했다.*

2022년 기준, 한국 학생의 1인당 사교육비는 월 46만 원이 든다. 공교육에서는 교육 분야 공무원·공무직 인건비, 방과후 학교 프로그램, 기타 초중고 예산 등을 종합하면 학생 1인당 월 115만 원 정도의 비용이 발생한다.**

한국을 비롯한 선진국에서 공교육과 사교육 비용은 매년 중요한 문제다. 챗GPT는 지식과 학습 패러다임을 바꾸고 있다. 특정 영역에서는 인간 교사보다 더 잘 가르친다. 챗GPT 같은 생성형 AI는 버전이 높아질 때마다 성능이 향상된다.

2023년 3월 21일, 문화체육관광부는 문화 분야에서 챗GPT 등의 생성형 AI를 활용방안을 모색하는 아이디어 공모전을 추진했

* ZDNET Korea, 2023.03.31. 방은주. "이경전 교수 'AI역사는 챗GPT 이전과 이후로' 경영정보학회 줌 세미나 성황"

** 매일경제, 2023.03.18. 나현준. "교육비 年 100조원 시대 … '챗GPT로 사교육비 줄이자'"

다.* 2023년 3월 30일, 대한상공회의소에서 열린 '2023년 제4차 디지털 국정과제 연속 현장 간담회'에서 과기정통부 박윤규 2차관은 "생성형 초거대 인공지능 모델로 인간의 복잡한 생물학적 시스템이 작동하는 엄청난 양의 데이터를 분석·추론해 환자 맞춤형 건강관리가 가능하다는 점에서 의료 혁신 속도가 더 빨라질 것"이라고 말했다. 우리나라 정부도 생성형 AI의 파괴적 혁신에 주목한다는 의미다.** 이런 움직임은 교육부도 비슷하다. 한국의 교육부 장관은 기회가 될 때마다 인공지능을 공교육 시스템에 접목해야 한다고 강조했다.

40만 명의 구독자를 보유한 온라인 수학교육 서비스 '깨봉수학'으로 유명한 조봉한 박사는 서울대 계산통계학과를 졸업하고, 미국 서던캘리포니아대USC에서 인공지능AI으로 석·박사 학위를 받았다. 미국 오라클과 필립스 멀티미디어센터에서 AI연구원으로 활동했다. 한국에서는 국민은행과 하나은행에서 최연소 임원이 되었고, 금융 온라인 시스템 개발을 주도했다. 삼성화재 부사장직도 맡은 인물이다.

조봉한 박사는 인공지능이 교육계를 강타할 시대를 누구보다 먼

---

* 대한민국 정책브리핑(www.korea.kr), 2023.03.21.

** 뉴시스, 2023.03.30. 윤정민, "박윤규 차관 '챗GPT 등장 여파로 의료 혁신 속도 빨라질 것'"

저 예측하고 새로운 교육방법이 필요하다고 주장한 사람이다. 그는 "AI 시대에는 인공지능에게는 없는 사람만의 고유한 능력을 강화해야한다."라고 하면서, 유튜브 채널 '인공지능수학 깨봉'을 통해 수학 교육에 대한 새로운 관점을 제시했다. 그가 운영하는 유튜브 채널은 수학이라는 딱딱한 주제를 다루지만 누적 조회 수가 3,700만회다. 그도 챗GPT 같은 생성형 AI의 발전을 거듭하면 교육계도 완전히 바뀌게 될 것이라고 전망했다.*

어디 수학뿐일까? 언어학습, 토론 및 논술 등의 교육 방식은 단기간에 바뀔 것이다. 챗GPT 같은 생성형 AI를 토론을 연습하는 파트너로 사용하고, 챗GPT 같은 생성형 AI가 만든 글을 인간이 비판적 사고로 분석하고 평가하는 훈련으로 전환되고, 인공지능과 인간의 주장을 서로 비교하는 토론으로 전환되는 등 다양한 신규 학습 방식이 등장할 것이다.

필자의 예측으로는 이런 시도와 요구들이 계속 늘어나면, 챗GPT 같은 생성형 AI를 공교육 시스템에 의무적으로 도입하고, 대학 입시 방식과 공교육 패러다임을 바꾸자는 장관, 국회의원, 대통령이 등장할 것이다. 최소한 대선 때마다 후보자들이 생성형 AI

* 매일경제, 2023.04.01. 황순민, "애들 수학 가르쳐봐서 아는데…구구단 외우다간 망해요, 왜?"

를 사용하면 공교육의 수준은 높아지고, 교육 격차도 줄이고, 비용은 획기적으로 줄일 수 있다고 외치며 앞다투어 공약으로 외칠 가능성이 높다. 그리고 지금과 같은 대학 입시 평가도 바뀌어야 한다고 주장할 것이다.

미래 인재에 꼭 필요한 챗GPT 사용 능력

대학 입시 방식이나 공교육 시스템 전반을 바꾸는 것은 매우 민감하다. 이해 당사자가 복잡하고 많아서 큰 변화를 이루려면 시간이 오래 걸릴 것이다. 간단한 문제가 아니다. 하지만 기업과 사회는 다르다. 지금보다 수십, 수백 배 성능이 향상된 생성형 AI가 교육 전반을 지배하는 시대가 되면 사회나 기업이 원하는 미래 인재의 조건을 바꿀 것이다.

필자는 챗GPT에게 "챗GPT 같은 생성형 AI가 보편화되는 시대가 되면, 미래 인재의 조건은 어떻게 바뀔까?"라고 물었다. 챗GPT

는 다음과 같이 대답했다.

"챗GPT와 같은 생성형 AI가 보편화되면 미래 인재를 위한 조건이 크게 발전할 가능성이 높습니다. 다음은 AI가 더 두드러진 역할을 하는 세상에서 개인에게 미칠 수 있는 잠재적 영향과 기회입니다.

1. 인간의 능력 강조: AI가 반복적이고 일상적인 작업을 대신함에 따라 창의성, 비판적 사고, 감성 지능, 공감, 문제 해결과 같은 인간 고유의 능력에 대한 요구가 증가할 것입니다. 미래의 인재는 취업 시장에서 경쟁력을 유지하고 가치를 유지하기 위해 이러한 기술을 개발해야 합니다.
2. 학제간 지식: AI 시스템이 더욱 정교해지고 다양한 산업에 통합됨에 따라 학제간 지식과 기술을 갖춘 전문가에 대한 수요가 높아질 것입니다. 미래의 인재는 AI와 특정 영역 간의 상호 작용을 이해하고 AI 시스템과 효과적으로 협업하는 방법을 배우면 도움이 될 것입니다.
3. 평생 학습: AI를 포함한 기술 발전의 빠른 속도로 인해 미래의 인재는 지속적인 학습과 기술 개발에 전념해야 합니다. 새로운 기술, 도구 및 방법론에 적응하는 능력은 직업 시장

에서 관련성을 유지하는 데 필수적입니다.

4. 디지털 및 기술 리터러시: AI가 더욱 보편화됨에 따라 디지털 및 기술 리터러시는 미래의 인재에게 매우 중요할 것입니다. 개인은 AI 및 관련 기술의 기초와 이러한 도구를 활용하여 작업 및 생산성을 향상시키는 방법을 이해해야 합니다.

5. AI와의 협업: 미래의 인재는 AI 시스템의 강점, 한계 및 잠재적 편향을 이해하고 AI 시스템과 효과적으로 협업할 수 있는 능력을 개발해야 합니다. 여기에는 AI 생성 통찰력 및 권장 사항을 해석하는 기능과 AI 도구를 사용하여 인간의 의사 결정 및 창의성을 강화하는 기능이 포함됩니다.

6. 윤리 및 책임: AI가 사회의 다양한 측면에서 더 큰 영향을 미치게 됨에 따라 미래의 인재는 AI 배치 및 사용의 윤리적 영향을 고려해야 합니다. 여기에는 잠재적 편향 이해, 데이터 프라이버시 보장, AI 의사 결정의 공정성과 투명성 촉진이 포함됩니다.

7. 기업가 정신과 혁신: AI가 새로운 가능성을 열고 전통 산업을 파괴함에 따라 미래의 인재는 기업가 정신과 혁신을 수용해야 합니다. 여기에는 시장 요구와 과제를 해결하기 위해 AI 기술을 활용하는 새로운 제품, 서비스 및 비즈니스 모델을 만들 수 있는 기회를 식별하는 것이 포함됩니다.

요약하면 생성 AI가 보편화됨에 따라 미래의 인재는 인간 기술, 학제 간 지식 및 디지털 리터러시를 포함한 다양한 기술을 개발하는 데 집중해야 합니다. 평생 학습, AI 시스템과의 협업, 강력한 윤리 및 책임감을 수용하는 것 또한 진화하는 직업 시장에서 성공하는 데 중요합니다."

필자는 챗GPT의 대답에 기본적으로 공감하며 여기에 필자의 예측을 좀 더 덧붙여보겠다. 초거대 인공지능과 로봇이 가득하고, 가상세계가 무한 확장되고, 과거의 지식과 기술이 인터넷에 가득 저장된 미래에는 단순한 지식의 축적은 경쟁력 있는 능력이 아니다. 언어 학습과 지식만 전달하는 교과 과목만으로 공부한 학생은 기업이 선발하는 인재의 우선순위에서 밀린다. 마음(호기심, 공존심), 통찰력과 생각의 기술(비판적 사고에서 창의적 사고까지), 의지(도전과 회복탄력), 영성(가치에서 영적 의식까지)의 차이로 인재 수준을 평가하게 될 것이다.

이런 역량을 기르려면, 지금처럼 문과 이과를 나누는 방식이 아니라, 철학 인문 과학기술을 통합해 교육하는 산업주의 이전 르네상스 패러다임을 현대식으로 재해석해서 도입해야 한다. 인간성을 재조명하고, 교육환경에서 고대 그리스와 로마 철학과 사상과 예술의 재부흥이 일어나고, 인간의 심오한 사고와 창조적 힘의 부각,

통합적 학문 흐름이 진행되어야 한다.

'인생은 살 만한 가치가 있다는 것을 느끼고 깨닫게 해주는 것(정서, 가치, 윤리)'부터 스스로 생각하고 해답을 찾는 능력을 길러주기 위해 질문을 던지는 방법, 생각의 기술, 사색과 지혜에 과학기술을 접목하여 창조하는 방법, 심오한 영적 탐구법 등을 가르치고 훈련하는 방향으로 교육 커리큘럼을 바꾸어야 한다. 이렇게 되면, 종교인이나 철학자가 다시 교육 시스템의 중심으로 진입할 수도 있다.

사회를 운영하는 데 필요한 지식이나 기술은 인간이 아닌 인공지능 로봇이 대신하는 시대가 되기 때문에, 인간은 인류와 우주를 보존하고 더 나은 상태로 개선시키는 데 필요한 지혜, 책임감, 사회 구성원이 함께 성장하는 방법을 배우는 것이 중요해진다. 농경시대에는 인간이 가축과 함께 일하는 방법과 기술을 배웠듯이, 자신의 인공지능 로봇을 만들고 훈련시키는 법, 인공지능 로봇과 함께 일하는 방법도 배워야 한다.

챗GPT를 보조 상담사로 사용하는 심리치료 박사

챗GPT의 약점만 물고 늘어지면, 시대 변화에 뒤처지게 된다. 챗GPT가 저지르는 오류를 지적하는 것은 의미가 있다. 오류를 피해서 사용해야 하기 때문이다. 하지만 챗GPT를 두고 벌이는 '허수아비 공격의 오류'에는 빠지지 않도록 주의하자.

필자는 세계적인 학자가 "챗GPT가 언어, 인지, 인간의 이해와 관련해서는 가치가 없다."라고 말하면서 형편없다[Sunk]고 평가하면서 무용론을 주장하는 것을 들었다. 챗GPT를 인간과 비교하는 것 자체가 가치가 없는 일이라고 평가하는 것은 옳다. 하지만 그것을 근거로 챗GPT는 형편없다거나 무용하다고 말하는 것은 전형적인 '허수아비 공격의 오류'이다.

'허수아비 공격의 오류Straw Man Fallacy'는 비판적 사고를 배울 때 피해야 할 대표적 오류다. 토론이나 논쟁을 할 때, 마치 다른 사람의 핵심 아이디어(논지)의 오류나 문제를 지적하는 것처럼 보이지만, 실제로는 더 약하거나 엉뚱한 논지, 즉 허수아비를 만든 다음 그 사람의 아이디어가 좋지 않다 혹은 틀렸다고 주장하는 태도이다. 허수아비를 쓰러뜨려 놓고는, 실제 그 사람의 논지를 쓰러뜨렸다고 주장하는 오류다.

현재 일어나고 있는 챗GPT 광풍은 챗GPT와 같은 생성형 AI가 드디어 인간처럼 자의식이나 영혼을 갖게 되었고, 인간이 되었다는 놀라움이 아니다. 정보와 지식을 획득하는 데, 놀랍게 빠르고 효과적인 시대가 왔다는 것에 대한 놀라움이다. 챗GPT가 네이버 검색, 구글 검색엔진, 애플의 시리나 삼성의 빅스비보다 발전된 인공지능 기술이다. 컴퓨터 프로그램 언어를 사용하지 않고, 내가 사용하는 자연어를 가지고도 컴퓨터에게 일을 시킬 수 있다는 것에 대한 놀라움이다. 챗GPT 같은 생성형 AI 기술들이 인간의 감성, 영혼, 자아의식, 인간의 존재 이해와 관련되어서 상당한 가치를 가지고 있어서 사용하고 열광하는 것이 아니다.

필자의 예측으로는 현재 등장하는 챗GPT 같은 생성형 AI의 단점이나 위험성은 즉시 개선되지 않는다. 그렇다고 해서, 전 세계 사용자들에게 광풍을 일으키고, 수십조 원의 투자금이 이미 들어간 기술을 전면 금지할 수도 없다. 더 중요한 것은 이런 논쟁이 시끄럽게 진행되는 시간에도, 챗GPT를 비롯한 생성형 AI의 성능은 계속 발전할 것이며 더 많은 투자금이 몰려들리라는 것이다.

알파고가 바둑계에 가져온 변화

전문가들은 생성형 AI의 기술적 한계는 분명하지만 활용 가능성도 뚜렷하다고 평가한다. 앞으로, 챗GPT를 비롯한 생성형 AI의 장점을 잘 활용한 사람들은 멀리 앞서갈 것이다. 인공지능 바둑기사 알파고가 등장했을 때를 기억해보라. 첫 번째 반응은 "인공지능이 인간을 이겼다고?" 하는 충격과 놀라움이었다. 두 번째 반응은 "이제 인간은 뭐가 되지?", "인간 바둑기사는 없어지는 건가?" 하는 두려움이었다. 세 번째 반응은 "인공지능이 바둑의 의미를 파괴했다.", "바둑이 재미없어질 것이다." 하는 공격과 폄하였다.

하지만 시간이 지난 후에 바둑계에서는 어떤 일이 벌어졌을까?

첫째, 바둑은 없어지지 않았다. 바둑 프로기사라는 직업도 사라지지 않았다. 바둑이 재미없어지지도 않았다.

둘째, 인공지능 바둑기사(엘프고, 릴라제로, 미니고 등) 덕분에 바둑 해설이 더 명확하고 다양해졌다. 인간의 해설과 인공지능의 수치적 평가를 같이 보게 되면서, 대국 관람자들은 바둑도 축구나 야구처럼 경기의 흐름이 누구에게 유리한지 숫자를 통해 알게 되었다.

셋째, 바둑계에서는 프로기사들이 인공지능과 함께 바둑을 연구하는 것이 대세가 되면서 초중반 포석 실력이 대체로 강해졌다는 것이 정설로 대두되었다.

넷째, 바둑의 패러다임이 한 단계 발전했다. 바둑계에서는 우칭위안 9단이 개척한 '신포석'의 시대를 1차 혁명이라고 평가한다. 바둑계의 2차 혁명은 끝내기의 중요성을 각인시킨 이창호 9단이 연 '계산바둑'의 시대다. 바둑계는 인공지능(AI)이 중심이 된 현재를 바둑의 3차 혁명의 시대라고 평가한다. 그리고 신진서 9단을 3차 혁명의 정점에 선 프로기사라고 평가한다. 신진서는 자신이 본래 가진 강점에 인공지능의 강점을 결합하여 한 단계 발전한 무적 기사가 되었다.*

다섯째, 프로바둑기사들은 인공지능 바둑 프로그램의 장단점을 잘 알고 사용한다. 하루에 10시간 정도를 인공지능으로 바둑을 공부하는 프로기사 이호승 4단은 인공지능들의 차이를 이렇게 평가

* 스포츠경향, 2022.02.27. 윤은용, "신진서, 바둑 3차 혁명의 정점에 서다"

한다. "릴라제로는 사람의 감각과 가장 가까워 보일 정도로 안정적이고, 엘프고는 허세가 있지만 감각이나 멋이 좋고, 미니고는 세련된 느낌의 힘바둑인 것 같습니다." 프로기사 박하민 6단은 "예전에는 제가 아무리 생각해봐도 답을 찾지 못하는 경우가 많았는데, 인공지능이 나온 뒤에는 답을 알려주니까 좋은 것 같습니다. 또 중후반 마무리도 인공지능이 굉장히 깔끔하게 잘합니다. 이기고 있는 바둑을 쉽게 정리하는 방법도 많이 배웁니다."라고 유익한 점을 소개한다.

여섯째, 인간에게 요청되는 능력(역량)이 바뀌었다. 예를 들어 바둑해설가의 캐스팅 기준이 바뀌었다. 인공지능 바둑기사 등장 이전에는 형세 판단 능력이 뛰어나고, 실제 바둑에서 좋은 성적을 내는 기사들이 바둑해설가 섭외 1순위였다. 인공지능 바둑기사가 등장하면서, 섭외 기준이 달라졌다. 형세판단이나 계가(計家, 집을 센다는 뜻으로 형세판단의 기초가 됨)실력이 부족해도 말솜씨가 좋고 설명하는 능력이 탁월한 사람, 인공지능과 바둑을 잘 아는 사람이 섭외 1순위가 되었다. 형세 판단과 계가를 인공지능이 실시간으로 해주기 때문이다.

단점도 있다. 바둑계에서는 "인공지능은 바둑의 영역을 넓혔지만, 바둑의 개성이 조금 획일화된 단점이 있다."는 평가다. 이세돌 9단도 인간들이 두는 바둑은 도(道)와 예(禮)가 있었지만, 인공지능의 바둑은 도와 예로 볼 수 없다고 평가하면서 인공지능으로 바둑을 즐기지 않고 연구하지 않다고 한다.*

세계 바둑 1위 신진서는 "인공지능의 엄청난 묘수에 가슴이 뛴다"고 했다.** 인공지능 바둑 프로그램이 자신의 바둑세계에 새로운 가능성을 열어주었기 때문이다.

챗GPT 사용 능력은 질문할수록 높아진다

챗GPT 같은 생성형 AI를 사용하는 사람들이 열광하는 진짜 이유도 같다. 필자는 챗GPT, 마이크로소프트 챗빙, 구글의 바드 등 생성형 AI와 협업하여 이 책을 쓴다고 했다. 필자의 느낌도 같다. 인공지능이 지식을 찾고 정리해주고, 다양한 아이디어와 인사이트를 주는 능력에 놀랍다.

필자의 경험에 따르면, 챗GPT 같은 생성형 AI를 처음 사용할 때는 호기심이 생긴다. 조금 더 사용하면, 오답을 말하거나 환각 현상

* YTN, 2019.05.11. 김동민, "인공지능으로 약진하는 기사들"

** 매일경제, 2021.03.05. 손현덕, "'신공지능' 세계 바둑 1위 신진서 'AI 엄청난 묘수, 가슴 뛴다'"

을 보이는 데 '약간' 실망한다. 하지만 그 단계를 넘어 내 스스로 챗GPT의 장점을 끌어내는 노하우를 알아내면서 사용에 사용을 거듭하면 놀라움의 단계에 이른다. 구글이 서비스를 시작한 람다(대화형 애플리케이션용 언어 모델) 기반 대화형 인공지능(AI) 서비스 바드는 복잡한 주제를 단순화해 설명하는 장점이 있다. 구글의 피차이 CEO는 "바드를 통해 나사의 제임스 웹 우주망원경을 이용한 발견을 9세 어린이에게 설명하는 것처럼 쉽게 전달할 수 있다. 현재 최고 축구 선수에 대해 알아보고 스스로 축구 실력을 향상시킬 수 있게 돕는 등 높은 품질의 응답을 제공할 것이다."라고 소개했다.*

필자는 이런 상상도 해보았다. 오은영 박사는 현재 한국에서 가장 유명한 상담심리학자다. 이런 전문가도 챗GPT를 보조 상담사로 사용하면 심리 치료 분야에 새로운 변화를 일으킬 수 있다. "챗GPT가 상담을 할 수 있을까?"라고 질문을 할 수 있다. 아니, 챗GPT 같은 인공지능이 가장 못하는 일의 대표적 사례로 '상담'을 꼽는다.

상담은 공감이 기본이다. 챗GPT 같은 인공지능은 못한다. 감정을 인지하고 표현하는 인공지능도 있지만, 인간이 갖는 감정, 공감, 연민 등과 다르다. 단순히 수학적 분석일 뿐이다. 그렇지만 이

* 파이낸셜뉴스, 2023.02.07. 임수빈, "9세 어린이에게 NASA 기술 쉽게 가르쳐"

런 이유와 사실로 인간 상담사에게 챗GPT가 필요 없다는 주장이나 생각은 섣부르다. 챗GPT는 인간 상담사에게도 상담의 준비, 상담 구조화, 상담 후 맞춤형 치료방법 제안, 상담자 관리 등 다양한 영역에서 부조종사 역할을 충분히 할 수 있다.

특히 1인자가 사용하면 효과는 극대화된다. 바둑계 최고 기사인 신진서가 인공지능을 사용할 때, 인공지능의 효과가 극대화된 것처럼 말이다. 필자는 챗GPT에게 다음과 같이 질문을 던졌다. "내가 심리 상담사, 내적 치유자라고 생각해보자. 챗GPT를 내 업무의 어떤 영역에 사용하면 좋을까?" 아래는 챗GPT가 내놓은 대답이다.

"심리 상담가이자 내면의 치유자로서 업무의 다양한 영역에서 챗GPT를 사용하여 연습을 향상하고 고객에게 추가 지원을 제공할 수 있습니다. 일부 가능한 응용 프로그램은 다음과 같습니다.

1. 초기 평가: 챗GPT는 접수 과정에서 고객(내담자)으로부터 기본 정보를 수집하는 데 도움을 줄 수 있습니다. 개방형 질문을 함으로써 AI는 고객(내담자)의 배경, 관심사 및 치료 목표에 대한 데이터를 수집하여 고객의 요구 사항을 더 잘 이해하고 세션을 준비하는 데 도움을 줄 수 있습니다.

2. 리소스 권장 사항: 챗GPT는 최신 연구, 치료 접근 방식 및 진료와 관련된 자료에 대한 최신 정보를 얻을 수 있도록 도와줍니다. AI를 사용하여 고객(내담자)에게 도움이 되거나 전문 기술을 개발하는 데 도움이 될 수 있는 책, 기사 또는 온라인 리소스를 제안할 수 있습니다.

3. 세션 계획: 챗GPT는 각 고객(내담자)의 필요에 맞는 치료 개입, 운동 또는 토론 주제에 대한 아이디어를 브레인스토밍하는 데 사용할 수 있습니다. 고객(내담자)의 상황과 치료 목표에 대한 정보를 제공함으로써 AI는 세션에서 유용할 수 있는 잠재적 접근 방식이나 기술을 제안할 수 있습니다.

4. 반성 및 자기 관리: 카운슬러로서 자신의 정신 건강과 웰빙을 우선시하는 것이 중요합니다. 챗GPT를 사용하여 경험을 반성하고, 생각과 감정을 처리하거나, 실습에서 직면한 문제에 대해 토론할 수 있습니다. AI는 또한 자가 관리 활동 및 스트레스 관리 기술에 대한 제안을 제공할 수 있습니다.

5. 의사소통 기술 향상: 챗GPT는 모의 대화에 참여하여 능동적인 듣기 및 공감적 응답 기술을 연습하고 개선할 수 있도록 도와줍니다. AI를 대화 파트너 삼아 다양한 시나리오 또는 클라이언트 문제를 제공하고 지원적이고 공감하며 판단하지 않는 방식으로 대응하는 연습을 할 수 있습니다.

6. 전문 네트워킹 및 협업: 챗GPT는 귀하의 분야에서 전문 조직, 컨퍼런스, 워크샵 또는 기타 네트워킹 기회를 조사하고 연결하는 데 도움을 줄 수 있습니다. 이를 통해 심리 상담 및 내면 치유의 최신 발전에 대한 정보를 얻고 다른 전문가와 협력 또는 동료 지원을 위해 연결하는 데 도움이 될 수 있습니다.

챗GPT는 작업의 다양한 측면에서 유용한 도구가 될 수 있지만 전문적인 판단, 교육 또는 직접적인 고객 상호 작용을 대체해서는 안 됩니다. AI 도구를 업무에 통합할 때는 항상 재량권을 행사하고 윤리적 지침을 준수하십시오."

어느 날 챗GPT에게 육아 고민을 털어놓은 기자

국내 모 일간지의 한 기자가 쓴 글을 읽은 적이 있다. 이 기자는 '부모로서 육아하며 맞닥뜨리는 숱한 난관'에 챗GPT가 어떤 해법을 제시할지 궁금했다고 한다. 기자는 자신이 아이를 키우면서 경험한 구체적인 한 장면을 떠올렸다. "아빠가 묶어준 머리가 마음에 들지 않는다며 딸이 유치원 등원을 거부했던 날이다. 아이는 속

상해서, 아빠는 서운해서 서로를 향해 소리를 질렀더랬다." 기자는 챗GPT에게 그날의 장면을 그대로 묘사해주고 어떻게 해결할지를 조언해 달라고 했다. 챗GPT가 내놓은 대답은 놀라웠다고 고백했다. 챗GPT가 기자에게 제시한 해답은 대략 이러했다고 한다.

"아이로선 불안하고 두려운 상황일 수 있으니 이를 수용해주는 게 중요합니다. 상황을 부드럽게 전환하기 위해 아이가 좋아하는 장난감을 꺼내 마음을 추스른 뒤 머리를 묶는 대신 모자를 써보게 하거나 캐릭터 머리띠를 활용해보십시오. 아이가 소리를 질러 상황이 경직되는 순간, 부모로서 즉각 감정적으로 대응할 게 아니라 아이의 불안에 집중할 수 있도록 격앙된 감정을 잠시 내려놓으십시오."

챗GPT는 '초보맘도 쉽게 할 수 있는 '아이 머리 묶기', '5분 안에 할 수 있는 쉬운 머리 묶기' 등 유튜브 콘텐츠 링크도 추천해주었다고 한다. 기자는 '채소를 잘 먹지 않는 아이'라는 고민도 챗GPT에게 상의했다고 한다. 챗GPT는 채소를 잘게 썰어 넣은 계란찜 레시피와 영양학적 소견을 즉각 알려주었다고 한다.

기자는 챗GPT에게 질문의 밀도를 높일수록 섬세할수록 답변의 차원도 높아졌다고 평가했다. 단, 기자는 챗GPT의 탁월한 지식 제안 능력에 감탄했지만, 어딘가 허전함을 느꼈다고도 말했다. 기자는 그것을 '공감'이라고 여겼다. 그래서 기자는 다시 챗GPT에게 이렇게 물었다고 한다. "넌 정말 뛰어난 AI 챗봇이야. 내가 궁금해 하는 문제에 거의 완벽한 답을 제시해줘. 정말 대단해. 그런데 너와 대화하면 할수록 공허함을 느껴. 왜일까?" 챗GPT는 이렇게 대답했다고 한다.

"인간과의 대화는 서로의 경험과 감정을 공유하면서 자연스럽게 이뤄지지만 AI 챗봇과의 대화는 텍스트와 명령어에 기반한 통신으로 제한돼 있습니다. 따라서 불완전하거나 불만족스러운 감정이 드는 것은 자연스러운 일입니다."*

* 국민일보, 2023.03.04. 최기영, "챗GPT, 네가 공감을 알아?"

챗GPT와 손잡고 미래직업을 코칭하는 진로 교사

챗GPT, 빙챗, 구글의 바드 등 생성형 AI는 인간이 아니다. 그래서 인간에게서 얻을 수 있는 공감은 얻을 수 없다. 앞으로 그런 수준의 공감을 얻는 일은 불가능할 수 있다. 필자는 오히려 미래에도 인공지능이 그런 능력을 갖기 않기를 바란다. 인간은 인간이어야 하고, 기계는 기계다워야 하기 때문이다. 기계가 인간처럼 완벽한 공감능력과 자의식 그리고 완전한 감정과 감성을 갖게 되면, 지구를 파괴하고 이웃을 파괴하고 자기 욕심만 앞세우는 인간을 그대로 살려둘 리가 만무하다.

필자는 인공지능은 인공지능다우면 된다고 생각한다. 그리고 챗GPT, 빙챗, 구글의 바드 등 생성형 AI는 자녀 고민 상담, 부부 고민 상담, 진로 및 커리어 상담을 포함한 모든 영역과 분야에서 '인공지능답게' 인간을 도울 수 있는 능력을 충분히 갖춘 수준에 진입했다.

2025년이면, 한국 고등학교는 '고교학점제'가 전면 실시된다. 학생 개개인이 자신의 진로를 정하고 그에 맞는 수업 계획을 직접 설계하는 것이다. 고교학점제의 성공에 진로지도는 필수다. 필자는 진로상담가도 챗GPT를 활용하면 성과를 높일 수 있다고 본다. 필자는 챗GPT에게 이렇게 질문했다. "내가 고등학교 진로 상담사, 직업 코치라고 생각해보자. 챗GPT를 내 업무의 어떤 영역에 사용하면 좋을까?" 챗GPT는 아래처럼 대답했다.

"고등학교 진로 상담사 또는 진로 코치로서 다양한 업무 영역에서 챗GPT를 사용하여 서비스를 개선하고 학생들에게 추가 지원을 제공할 수 있습니다. 일부 가능한 응용 프로그램은 다음과 같습니다.

1. 진로 탐색: 챗GPT는 다양한 직업, 산업 및 직업 시장에 대한 정보를 제공함으로써 학생들이 다양한 진로를 탐색하도

록 도울 수 있습니다. AI를 사용하여 다양한 분야에 대한 개요, 요구 사항 및 잠재적 경력 성장을 생성하여 학생들이 미래에 대해 정보에 입각한 결정을 내리는 데 도움을 줄 수 있습니다.

2. 기술 및 관심 평가: 챗GPT는 학생의 기술, 관심 및 강점을 분석하여 적합한 진로 또는 연구 분야를 제안할 수 있습니다. 개방형 질문을 하고 응답을 평가함으로써 AI는 학생의 능력과 선호도에 따라 잠재적인 직업을 찾는 데 도움을 줄 수 있습니다.

3. 이력서 및 자기소개서 지원: 챗GPT는 특정 직무 지원에 맞는 효과적인 이력서 및 자기소개서를 작성하는 방법을 안내할 수 있습니다. AI는 학생의 기술과 경험을 보여주기 위한 서식 지정 팁, 콘텐츠 아이디어 및 전략을 제안하여 잠재적 고용주에게 응용 프로그램을 눈에 띄게 만들 수 있습니다.

4. 인터뷰 준비: 챗GPT는 일반적인 인터뷰 질문, 효과적인 대답을 위한 팁, 인터뷰 에티켓에 대한 지침을 제공하여 학생들이 취업 인터뷰를 준비하는 데 도움을 줄 수 있습니다. AI를 사용하여 모의 인터뷰를 시뮬레이션하여 학생들이 답변을 연습하고 자신감을 키울 수 있습니다.

5. 대학 및 프로그램 조사: 챗GPT는 학생들이 자신의 경력

목표에 부합하는 대학, 대학 및 직업 프로그램을 조사하는 데 도움을 줄 수 있습니다. AI는 입학 요건, 지원 마감일, 재정 지원 옵션에 대한 정보를 제공하여 대학 선택 과정을 보다 쉽게 관리할 수 있습니다.

6. 장학금 및 재정 지원: 챗GPT를 사용하여 장학금 및 재정 지원 기회를 조사하여 학생들이 교육 자금을 조달할 수 있는 방법을 찾도록 도울 수 있습니다. AI는 다양한 장학금 또는 보조금에 대한 자격 기준, 지원 절차 및 마감일에 대한 정보를 제공할 수 있습니다.

7. 구직 전략: 챗GPT는 네트워킹, 구직 엔진 활용 및 소셜 미디어 활용을 포함하여 학생들이 효과적인 구직 전략을 개발하는 데 도움을 줄 수 있습니다. AI는 전문적인 온라인 입지를 구축하고 잠재적인 고용주 또는 업계 전문가와 연결하기 위한 팁을 제공할 수 있습니다.

챗GPT는 작업의 다양한 측면에서 유용한 도구가 될 수 있지만 전문적인 판단, 교육 또는 직접적인 학생 상호 작용을 대체해서는 안 됩니다. AI 도구를 업무에 통합할 때는 항상 재량권을 행사하고 윤리적 지침을 준수하십시오."

인간 상담사가 챗GPT, 빙챗, 구글의 바드 등 생성형 AI와 협업을 하면 효과는 극대화된다. 예를 들어 누적 가입자 수 100만 명을 돌파한 커리어 성장 커뮤니티 '코멘토' 서비스는 챗GPT와 인간 상담자(현직 전문가)가 협업하는 모델이다.

가령 사용자가 "디자인 툴 피그마에서 프로토타입을 만들 때 유용한 플러그인 추천해주세요.", "대학원 진학이 해당 직무에 도움이 되나요?" 등 각자의 커리어 고민을 질문하면, AI가 빠르게 답변을 남긴다. 더불어 질문자가 원하는 직무에 있는 현직자가 실제 경험 사례나 보충 설명 등을 추가한다.

이렇게 인공지능과 인간 상담사가 협업을 하면, 사용자는 AI의 답변과 현직자의 의견들을 종합해 고민을 해결할 수 있는 장점이 있다. 이 서비스를 운영하는 이재성 대표는 챗GPT는 사용자가 올린 질문에 기본 정보를 빠르게 대답해주는 장점이 있고, 인간 상담자(현직자)는 챗GPT의 단점인 답변의 신뢰도 평가가 어려운 한계를 극복할 수 있게 해준다.*

* https://besuccess.com/커리어-멘토링-플랫폼-코멘토-서비스에-챗gpt-기능-도/

챗GPT 사용으로 종교활동을 하는 성직자

민감한 질문을 하나 더 던지자. 기독교, 천주교, 불교 등 종교 전반과 성직자의 활동 전반에서 챗GPT와 같은 생성형 AI의 거대한 파도를 피할 수 있을까? 챗GPT 같은 생성형 AI가 필요 없을까? 필자의 대답은 "그렇지 않다."이다.

필자의 예측으로는 앞으로 챗GPT가 교회와 목회자의 사역 전반에 변화를 만들어낼 것이다. 당연히 거대한 파도의 시작은 '찬반 논쟁'이다. 챗GPT가 설교나 법문, 기도문, 성경공부 교재, 묵상 글을 순식간에 만들어준다는 것이 알려지면서 성직자 윤리 문제, 신학적 문제 등에 대한 찬반 논쟁이 시작되었다. 필자도 "챗GPT로 설교문을 작성할 경우, 문제점이 무엇인가?"라고 질문을 했다. 챗GPT의 대답은 아래와 같았다.

챗GPT는 종교와 영성을 포함한 광범위한 주제에 대한 텍스트를 생성할 수 있지만 설교 작성에 AI 생성 텍스트를 사용하는 데는 몇 가지 문제가 있습니다. 다음은 몇 가지 주요 문제와 가능한 해결책입니다.

1. 개인적인 연결 부족: 설교는 종종 개인적이고 특정 회중의 필요에 맞게 조정됩니다. AI로 생성된 텍스트는 목회자 자신의 경험과 통찰력에서 오는 개인적인 연결과 감정적 울림이 부족할 수 있습니다.
솔루션: AI가 생성한 텍스트를 시작점으로 사용하되 회중의 필요와 관심사에 맞게 정의하십시오.
2. 맥락 지식 부족: AI로 생성된 텍스트는 특정 회중의 고유한 역사적·문화적·사회적 맥락에 대한 이해가 부족할 수 있습니다.
솔루션: 회중과 그 필요에 대한 배경 정보를 AI에 제공하거나 AI가 생성한 텍스트를 시작점으로 사용하고 특정

상황에 맞게 편집합니다.

3. 신학적 깊이의 부족: 설교는 종종 신학적 개념과 본문에 대한 깊은 이해를 요구합니다. AI로 생성된 텍스트는 신학적 주제에 대한 통찰력을 제공할 수 있지만 수년간의 연구와 성찰에서 나오는 깊이와 뉘앙스가 부족할 수 있습니다.

솔루션: AI 생성 텍스트를 시작점으로 사용하되 자신의 신학적 통찰력과 지식으로 보완하십시오.

4. 진정성 부족: 설교는 종종 진정성 있고 개인적이며 목회자 자신의 투쟁과 경험을 반영합니다. AI로 생성된 텍스트는 이러한 진정성이 부족할 수 있으며 비인격적이거나 일반적인 것으로 보일 수 있습니다.

솔루션: AI 생성 텍스트를 시작점으로 사용하되 자신의 경험과 통찰력으로 개인화하십시오.

5. 윤리적 고려 사항: 특히 설교가 AI에 의해 생성된 것을 회중이 인식하지 못하는 경우 설교에 AI 생성 텍스트를 사용하는 데 윤리적 고려 사항이 있습니다.

솔루션: AI가 생성한 텍스트를 설교에 사용하는 것에 대해 투명하게 밝히고 회중이 기술의 한계와 잠재적인 편견을 이해하도록 합니다.

결론적으로 AI로 생성된 텍스트는 설교 작성에 유용한 도구가 될 수 있지만 신중하게 사용되어야 하며 목회자 자신의 통찰력, 경험 및 신학 지식으로 보완되어야 합니다. 또한 목회자는 AI로 생성된 텍스트를 설교에 사용하는 것에 대해 회중과 투명하게 공개하고 기술의 한계를 이해하도록 해야 합니다."

미국의 기독교 변증가이며 소프트웨어 경영자인 로빈 슈마허 Robin Schumacher 박사는 기독교인 혹은 교회의 챗GPT 사용에 대해서 이렇게 평가했다. "갖고 놀기에는 흥미롭지만, 하나님이나 구원의 진리를 발견하기 위해 챗GPT로 향하는 것을 추천하지 않는다. 그 대신 기도하고 성경 말씀에 시간을 할애하고, 성경 공부 중에 이해하기 힘든 부분을 도와줄 수많은 신뢰할 만한 자료들을 찾아보라고 조언하고 싶다"*

이런 논쟁과 위험성 경고와 별개로, 종교계도 챗GPT 사용 열풍과 서비스 출시 붐에서 자유롭지 않다. 이유도 명확하다. 편리성이다. 예를 들어 '초원(chowon.in)'은 기독교 챗GPT 서비스다. 기독교인들의 각종 고민이나 질문을 '성경'을 가지고 대답해주고 기도

* 크리스천투데이, 2023.03.08. 김유진, "한번 구원은 영원 구원? 챗GPT에 물어보니…"

문까지 만들어준다. 반응도 각양각색이다. 인공지능이 목사를 대체하는 것 아니냐, 혼자 성경을 공부할 때 도움이 된다, 고민에 해답을 얻고 위로를 받았다, 사람의 감정이나 개인적 철학이나 정치색 등을 배제한 순수한 답변을 받아볼 수 있어서 좋았다, 성경에서 객관적인 답변을 내주니 이단을 배척할 수 있었다 등등.

필자도 챗GPT가 종교적 진리를 찾는 새로운 길이라고 생각하지 않는다. 이런 기대야말로, 챗GPT의 개발 목적과 다르다. 챗GPT는 기존 검색엔진의 또 다른 발전이다. 기존 검색엔진은 인간이 검색을 직접하고, 검색된 내용들을 읽어 가면서 스스로 정리하는 방식이었다. 챗GPT는 인간이 검색 질문을 자연어로 던지면, 인공지능이 인간을 대신해서 검색을 하고 검색된(학습된) 내용을 종합 정리해서 알려준다. 만약 검색(학습)된 내용 안에 인간이 탐색을 명령한 질문과 관련된 내용이 없으면, 자신이 이미 학습한 내용들 중에서 확률적으로 연관성이 높다고 판단한 내용으로 일정한 추론과정을 거쳐서 새로운 대답을 내놓는다. 이런 능력 덕택에, 종교적 질문에 대답을 할 수 있고, 특정 주제나 성경 구절로 설교문, 기도문, 묵상의 글 등을 만들어낼 수 있다.

미국 미시간주에 있는 칼빈대학교 부총장이고 최고정보책임자인 브라이언 페이지Brian Paige 컴퓨터공학과 교수는 "'수준급 설교문'을 뚝딱 만들어내는 대화형 인공지능AI 서비스인 '챗GPT'는 그리스도인에게 약일까 독일까?"라는 질문을 던졌다. 그리고 이 질문에 대한 해답은 챗GPT를 사용하는 종교인 자신의 '분별력'에 달려 있다고 결론을 내렸다.

브라이언 페이지 교수가 재직하는 칼빈대는 기독교 신학교 중에서 145년이 넘는 역사를 자랑한다. 칼빈대에서도 수업 커리큘럼에 챗GPT 사용 여부를 명시하는 등 변화를 모색 중이라고 한다.*

인터넷 혁명, 컴퓨터 혁명, 검색엔진 혁명, SNS 혁명 등 거의 모든 기술 혁명의 대세에 종교도 어떤 형태로든 영향을 받았다. 코로나19로 전 세계가 봉쇄된 2년 동안 종교계도 줌이나 유튜브를 활용한 비대면 예배, 법회, 미사, 기도회, 성경 공부 등을 받아들였다. 코로나 19는 종식되었지만, 종교활동에 비대면 방식을 도입한 대변화는 지속되고 있다.

필자도 챗GPT는 인간이 찾고 있는 절대자, 궁극적 구원의 길을 인도하는 성직자가 될 수 없다고 믿는다. 하지만 챗GPT는 성직자의 '업무 방식', 종교인의 종교활동이나 영성활동의 '방식'에는 큰 변화를 줄 것이라고 예측한다. 인터넷, 컴퓨터, 스마트폰, SNS, 유튜브, 검색엔진 등이 성직자의 '업무 방식', 종교인의 종교활동이나 영성활동의 '방식'에는 큰 변화를 주었듯 말이다.

---

* 국민일보, 2023.03.10. 김나영, "신기술은 복음전파용… 분별력 갖고 챗GPT 활용을"

Part 4

새로운 시대,
새로운 무기로 이기려면

챗GPT 시대,
당신은 무엇을 바꿀 것인가?

이 책 전체를 관통해서 필자가 전달하고 싶은 메시지는 "챗GPT 사용자가 미래 시장을 바꾼다."라는 것이다. 기술은 변화를 일으킬 도구에 불과하다. 시장의 대변화, 인간 일상의 대변화를 일으키는 것은 기술을 사용하는 인간이다. 그런 의미에서 마지막 질문을 던진다.

"챗GPT 시대, 당신은 무엇을 바꿀 것인가?"

필자는 챗GPT, 빙챗, 구글의 바드와 같은 생성형 AI를 가지고 미래예측 방법론에 새로운 가능성을 확인했다. 당신은 무엇을 바꾸고, 어떤 새로운 길을 열고, 어떤 새로운 가능성을 발견할 것인가? 바로 이것이 더 중요한 질문이다.

챗GPT, 빙챗, 구글의 바드와 같은 생성형 AI 사용을 잘할수록, 당신은 인간만이 할 수 있는 '더 중요한 일'에 집중할 수 있다. 기술이 발달하면, 인간은 덜 중요한 일은 기술에 맡기고, 더 중요한 일에 집중할 수 있다. 신기술의 도움을 받아, 인간이 더 중요한 일에 집중하면 인간의 능력은 더욱 향상되고, 새로운 영역이 개척되고, 문명의 발전도 빨라진다.

필자는 어느 기자가 기술의 발전에 따라 자신의 일이 어떻게 바뀌었는지를 돌아보고 챗GPT 같은 생성형 AI가 자신의 일을 어떻게 바꿀지를 상상하는 글을 읽은 적이 있다. 그 기자는 30년 전에 기자들은 '기자수첩'이 필수였고 '공중전화 쟁탈전'이 일상이었다고 회고했다. 오늘날 기자들은 검색엔진, 음성문자 변환·번역 등 인공지능 기술을 일상적으로 사용한다. 그리고 챗GPT의 등장으로 미래의 기자들은 생성형 AI의 보조를 받으면서 심층보도 집중하게 될 것이다.* 그렇다면 "나는 챗GPT를 가지고 무엇을 바꿔야 하지?"

* 미디어오늘, 2023.03.29. 박서연, 금준경, "'기술'은 '기자'의 일상도 바꿔놓고 있다"

라는 의문이 들 수 있다. 이 질문에 대한 대답을 찾으려면, 두 가지를 해야 한다.

첫째, 챗GPT, 빙챗, 구글의 바드 등을 가지고 무엇을 하고 싶은지를 먼저 정하라. KAIST(카이스트) 김재철AI대학원의 장동인 책임교수는 "조급하게 AI(인공지능)을 도입한다는 기업들이 실패하는 가장 큰 이유는 'AI로 뭘 어떻게 하고 싶은지' 모르기 때문이다. 기껏 외부 AI 전문인력을 영입해서 만드는 것도 팬시Fancy하게 보이는 것에 그칠 뿐 돈이 되는 무언가가 아니다."라고 했다.*

기업이라면 챗GPT로 돈이 되는 것이 무언가를 찾는 것부터 해야 한다. 챗GPT, 빙챗, 구글의 바드 등의 생성형 AI를 활용해서 신규 매출을 창출하거나, 비용을 줄이는 영역이 무엇인지를 먼저 찾아야 한다.

개인은 어떨까? 간단하다. 챗GPT, 빙챗, 구글의 바드 등의 생성형 AI를 활용해서 현재 내가 하고 있는 일이나 업무 중에서 '대신 시켜서' 시간을 벌거나 약간이라도 경제적 이득을 얻을 수 있는 영역이 무엇인지를 먼저 찾아야 한다.

참고로 필자는 이 책을 통해서 챗GPT 같은 생성형 AI를 활용해

---

* 머니투데이, 2023.03.22. 황국상, "뭘 해야 하지?…한발 먼저 AI 도입하고도 실패하는 이유"

서 어떤 일들에 변화를 줄 수 있는지를 설명했다. 챗GPT와 같은 생성형 AI는 농사짓는 일부터 외국 지사에 영어로 비즈니스 이메일을 보내는 것, 심지어 종교활동을 하는 것까지 모든 영역에 사용할 수 있다.

챗GPT를 활용하여 이득을 얻을 수 있는 영역을 찾았다면, 나머지 영역이 당신이 더 집중해야 할 영역이다. 자신의 학습, 직장 업무, 일상에서 두 가지 영역을 분리하고 나면, 그다음에 할 일은 챗GPT, 빙챗, 구글의 바드 등의 생성형 AI를 효과적으로 활용하는 방법을 익혀야 한다. 예를 들어 프롬프트 엔지니어링을 배우는 것이다. 효과적인 프롬프트 구사법을 익혀야, 챗GPT, 빙챗, 구글의 바드 등의 생성형 AI를 당신의 충직한 집사, 똑똑한 부조정사Copilot로 부릴 수 있다.

유데미는 글로벌 교육 플랫폼이다. 챗GPT 광풍이 시작된 지 5개월 만에 유데미에 올려진 프롬프트 강의는 7,667개다. 유튜브에도 프롬프트 관련 영상물이 수백 개가 올라와 있다. 프롬프트는 챗GPT 같은 생성형 AI와 대화하는 방법을 가리킨다. 챗GPT, 빙챗, 구글의 바드 등을 잘 사용하려면, 프롬프트를 잘 구사하는 것이 기본이다.

시간이 갈수록, 챗GPT는 모든 영역에서 변화를 일으키고 있다. 해외대학 출신 IT업계 종사자는 국내 언론사와 인터뷰를 하면서 이렇게 걱정을 토로했다. "동료가 챗GPT로 순식간에 영문 사업보고서를 작성하는걸 보고 영어 잘하는 게 더 이상 강점이 아니란 걸 알게됐다. 프롬프트 작성 능력이 없으면 자칫 경쟁에서 밀리겠단 생각에 밤마다 유튜브 강의를 보는 중이다."라고 말했다.

챗GPT를 사용하면서 오류나 거짓말에 속은 경험이 있을 것이다. 하지만 그런 경험의 상당은 좋지 않은 프롬프트를 사용한 것이 원인이다. 기획서를 작성할 때 사용하는 프롬프트, 자기소개서를 많이 써야 하는 취준생용 프롬프트, 에세이나 소논문 작성이 많은 학생과 연구직, 교수 등이 사용하는 좋은 프롬프트는 다르다.

좋은 프롬프트는 S.U.R.F 구조를 갖춘다. S는 Subject(주제) U는 Understand(주제를 이해하기 위한 맥락) R은 Record(원하는 결과값의 개수) F는 Format(원하는 형식)을 뜻한다. 특히 맥락(U)을 잘 표현한 질문이 좋은 프롬프트 생성의 핵심이다. 챗GPT, 빙챗, 구글의 바드 등 생성형 AI는 나만의 질문, 나만의 예시로 맞춤형 답변을 수 있는 기계 학습 모델이기 때문이다.

챗GPT, 빙챗, 구글의 바드 등은 정보나 지식을 요약, 추출, 분류, 추론하는 능력이 강점이다. 형식적으로는 일반 텍스트^plain text^, 리스트^list^, 트리 구조^headingsubheading^, 표^table^, 코드^code^ 등에 탁월하다.* 이런

---

* 머니투데이, 20123.04.02. 윤지혜, 배한님, "유학파도 위기의식…'영어 울렁증' 김대리의 반전 비결은 프롬프트"

특성을 이해한 후, 챗GPT에게 구체적인 역할을 부여하고, 생성 결과물의 양식을 특정해주고, 복잡한 명령한 지시나 질문을 잘 수행하도록 [output.] 같은 간단한 연쇄 프롬프트 명령어를 사용하고, 챗GPT의 창의력을 조절하는 매개변수 'Top-p값'을 질문에 맞게 적당히 조절하여 사용하면 좋은 결과물을 얻을 수 있다.

그리고 챗GPT의 단점을 보완하고 장점을 극대화하는 플러그인들이 쏟아져 나온다. 이런 것들을 적극 사용하라.

글을 마무리하면서, 다시 한번 강조한다. 챗GPT 사용자가 미래 시장을 바꾼다. 챗GPT, 빙챗, 구글의 바드 등 생성형 AI 기술은 대변화를 일으킬 도구다. 하지만 시장의 대변화, 인간 일상의 대변화를 일으키는 진정한 주체는 신기술을 사용하는 인간이다.

챗GPT

— 새로운 무기의 탄생 —

초판 1쇄 인쇄 2023년 6월 30일
초판 1쇄 발행 2023년 7월 7일

지은이 최윤식
책임편집 하진수
디자인 그별
펴낸이 남기성

펴낸곳 주식회사 자화상
인쇄,제작 데이타링크
출판사등록 신고번호 제 2016-000312호
주소 서울특별시 마포구 월드컵북로 400, 2층 201호
대표전화 (070) 7555-9653
이메일 sung0278@naver.com

ISBN 979-11-91200-82-9 03320